JEAN-MARC

Comment *parler*

avec votre

ANGE GARDIEN

AU JOUR LE JOUR

ÉDIMAG
edimag.com

Ce livre est la réédition augmentée de *Comment communiquer avec votre ange gardien*, publié par Édimag inc., en 1994, en 2003 et en 2006.

Les prières proviennent du titre *Les prières pour demander l'aide notre ange gardien*, publié en 1994, 1996 et en 2001.

C.P. 325, Succursale Rosemont,
Montréal (Québec) CANADA   H1X 3B8

Internet: edimag.com
Courrier électronique: info@edimag.com

Correction: Gilbert Dion, Paul Lafrance
Infographie: Echo International inc.

Dépôt légal: premier trimestre 2010
Bibliothèque et Archives nationales du Québec
Bibliothèque nationale du Canada

© 2010, Édimag inc.
Tous droits réservés pour tous pays.
ISBN: 978-2-89542-313-3

L'éditeur bénéficie du soutien de la Société de développement des entreprises culturelles du Québec pour son programme d'édition.

Gouvernement du Québec - Programme de crédit d'impôt pour l'édition de livres - Gestion SODEC.

Nous reconnaissons l'aide financière du gouvernement du Canada par l'entremise du Programme d'aide au développement de l'Industrie de l'édition (PADIÉ) pour nos activités d'édition.

TABLE DES MATIÈRES

DISTRIBUTEURS EXCLUSIFS

POUR LE CANADA ET LES ÉTATS-UNIS
LES MESSAGERIES ADP
2315, rue de la Province
Longueuil (Québec) CANADA
J4G 1G4

MESSAGERIES
adp inc.
Une compagnie de Quebecor Media

Téléphone: 450 640-1234
Télécopieur: 450 674-6237
www.messageries-adp.com
Courriel: adpcommercial@sogides.com

POUR LA SUISSE
TRANSAT DIFFUSION
Case postale 3625
1 211 Genève 3   SUISSE

Téléphone: (41-22) 342-77-40
Télécopieur: (41-22) 343-46-46
Courriel: transat-diff@slatkine.com

POUR LA FRANCE ET LA BELGIQUE
DISTRIBUTION DU NOUVEAU MONDE (DNM)
30, rue Gay-Lussac
75005 Paris   FRANCE

DNM

Téléphone: (1) 43 54 49 02
Télécopieur: (1) 43 54 39 15
Courriel: dnm@librairieduquebec.fr

AVERTISSEMENT

LES ANGES SONT LÀ

Tout le monde a abondamment entendu parler – les médias faisant le relais de la nouvelle – de cette femme qui avait plongé d'une hauteur de 3 000 mètres dans une zone marécageuse, après que son parachute eut mal fonctionné, et qui s'en est sortie indemne, avec seulement quelques ecchymoses. La nouvelle en soi était étonnante, mais elle l'est devenue encore plus lorsque le père de la femme qui a fait la chute, Jack McClelland, a déclaré, textuellement: «Je ne doute pas que d'immenses anges guidaient sa chute vers la zone marécageuse où elle a atterri à plat sur le dos.» Personne ne se risquait à une autre explication – comment expliquer logiquement, rationnellement, qu'on puisse non seulement survivre à une chute de près de 10 000 pieds, mais s'en tirer sans blessures?

Mais ce n'est pas le seul récit qui mette ainsi en évidence le rôle de cette puissance «supérieure» que l'on peut appeler les anges. Ils sont apparus à plus d'une personne

et ont toujours eu des rôles déterminants dans certains événements.

Certains en parlent, d'autres préfèrent se taire.

Mais la majorité des gens y croient — avec raison, suis-je persuadé.

Tout cela n'a pas été sans contribuer à relancer la discussion sur l'existence des anges, d'autant plus que le sujet a en quelque sorte été remis à l'ordre du jour par la publication de deux ouvrages, en France et aux États-Unis, questionnant leur existence et rappelant certains faits historiques.

Un tel engouement pour les anges n'est pas pour me déplaire puisque depuis maintenant plusieurs années je me passionne pour l'angéologie, qui est l'étude de la science des anges. Mais je ne suis pas le seul à nourrir une telle passion pour les anges, et j'en ai la preuve chaque fois que j'ai l'occasion de prononcer une conférence à leur propos. J'ai fait des recherches approfondies sur le sujet et je possède une documentation importante, mais force m'est de constater que loin d'être un sujet qui ne pourrait intéresser que quelques «chercheurs», il peut passionner quiconque s'interroge sur la nature profonde des êtres et leurs motivations.

Ce livre est différent de tous ceux qui existent sur le sujet parce qu'il a été écrit pour vous qui pouvez vous intéresser au sujet, sans souhaiter peut-être pour autant connaître tous les petits détails de l'histoire des anges, dans les religions et dans les légendes.

J'ai donc vulgarisé le plus possible ce sujet — il est passionnant, vous le verrez! Et d'autant plus passionnant que vous trouverez dans ce livre une foule d'informations «pratiques» qui, autrement, vous prendraient des semaines, sinon des mois à dénicher.

Vous y trouverez une nomenclature complète des anges gardiens — vous y apprendrez le nom du vôtre. Vous y trouverez également le nom des anges qui régissent les heures et les jours, des anges que vous pouvez invoquer facilement. Parce que, oui, les anges peuvent intervenir dans votre vie, et ce, de plus d'une façon, pour cela il suffit de les «appeler», ce qui est facile, vous le constaterez. Je vous explique d'ailleurs, et simplement, comment vous pouvez y parvenir.

Bref, après la lecture de ce livre, vous serez en mesure de communiquer avec votre ange gardien comme avec tous les autres anges planétaires.

Votre vie pourrait s'en trouver changée.

Jean-Marc Pelletier

LES ANGES:
QUI SONT-ILS?
D'OÙ VIENNENT-ILS?

Chaque génération a un message divin à apporter à la cité des hommes, et chaque jeune homme est, dans ce sens, un ange, même s'il est rebelle ou déchu. Mais ce message reste presque toujours énigme et musique, sans pouvoir féconder la réalité de la terre.

— Giovanni Papini

D ès les toutes premières empreintes de l'homme, dans la légende ou l'histoire, les figures d'anges apparaissent dans les pictogrammes.

Dans la ville d'Ur, au cœur de la vallée de l'Euphrate, à environ 225 km de Babylone, une ville construite près de 4 000 ans avant Jésus-Christ, des archéologues ont découvert une tablette de pierre qui représente une figure ailée descendant de l'un des sept paradis des croyances sumériennes pour verser l'eau de la vie, provenant d'une jarre ruisselante, dans la coupe du roi. Certains spécialistes de la question affirment qu'il s'agit là de la première représentation connue, prouvée, d'un ange. Il existe néanmoins des précurseurs, notamment le Lion ailé géant de Mésopotamie, ou encore la peinture d'une tombe égyptienne représentant une Isis ailée enveloppant de ses ailes, dans le sommeil, ses adeptes. En Grèce, Iris, l'arc-en-ciel de Zeus, et Hermès, le messager divin, sont également représentés avec des ailes sur leur tête et leurs pieds, et transportant des messages aux hommes, tout en leur apportant l'aide qu'ils réclamaient.

Notre culture judéo-chrétienne n'échappe pas à ces représentations. D'ailleurs, soulignons-le, le mot «ange» signifie autant leur mission de messager que leur essence profonde. Chaque ange est aussi appelé dieu, fils de dieu, prêtre, serviteur, observateur, génie. Mais quel que soit le nom qu'on leur a donné, ils constituent tous la cour du paradis; ils ont toujours représenté ce qui devait en quelque sorte être l'armée céleste.

Les anges existent donc depuis la nuit des temps. Ils étaient là avant qu'Adam et Ève n'arrivent sur terre et explorent leur jardin; et après que les premiers humains furent chassés de l'Eden pour avoir mangé la pomme, représentation de la connaissance du bien et du mal, les Chérubins, qui sont l'un des trois ordres d'anges les plus près de Dieu, ont eu pour mission de garder la barrière à l'Est — leurs épées de feu tournoyant de tous côtés pour empêcher Adam et Ève de retourner dans leur paradis. Le mot «chérubin» signifie «plein de la connaissance de Dieu»; il tire son origine du mot assyrien *Karibou* qui signifie «celui qui prie» ou «celui qui communique». Dans l'art assyrien, le chérubin est représenté comme une créature ailée avec un visage d'homme, ou parfois de lion, et un corps d'aigle, de taureau ou de sphinx. Dès leur «naissance», ils furent décrits comme les détenteurs de l'espoir. Au fil du temps, toutefois, les Chérubins se transformèrent, sous l'influence des Romains, en bébés; chez les Anglais, on les appelle *Cherubs*, et ils sont présentés sous une apparence enfantine.

Cela nous montre bien comment ils ont été présents à toutes les époques et dans toutes les religions.

LE SACRIFICE ÉVITÉ

Dans la Bible, les premiers anges étaient des hommes; ils étaient déjà des guides destinés à aider les hommes dans l'accomplissement de leurs tâches.

Dans la Genèse, trois anges vinrent voir Abraham. Ils n'avaient pas d'ailes, ni de vêtements brillants, ni de halo sur leur tête. Ils étaient trois hommes d'allure ordinaire qui s'assirent sous des chênes en compagnie d'Abraham, avec qui ils partagèrent un repas composé de veau, de fromage et de pain. Comme le dit la légende, contrairement aux autres anges, ils «mangeaient». Dans cette même légende, nous apprenons cependant que, en réalité, un des anges était Yahvé — Dieu lui-même — qui révéla à Abraham, après le repas, que son épouse lui donnerait plus tard un fils dont les descendants allaient être à l'origine d'une grande nation. Au cours de cette «visite», Abraham aurait même tenté de négocier, mais sans succès, la sauvegarde de Sodome et Gomorrhe — deux villes qui furent détruites férocement par deux anges. Ce fut aussi un ange qui retint le bras d'Abraham pour l'empêcher de trancher la gorge de son fils Isaac en lui offrant, au tout dernier instant, un bélier à sacrifier. Tout le monde se souvient de l'histoire: un jour, après avoir entendu la voix de Dieu qui lui disait d'immoler son fils, Abraham emmena ce dernier sur une montagne retirée pour lui trancher la gorge et l'offrir en sacrifice à Dieu, auquel il voulait montrer son dévouement. Une fois arrivé à destination, Abraham prit son fils, lui lia les mains et les pieds et le déposa sur l'autel. Au moment de lui trancher la gorge, la voix d'un ange l'arrêta. Abraham vit alors un bélier, emprisonné, qu'il offrit en sacrifice à Dieu.

L'histoire est remplie de ces exemples.

Les premiers anges n'avaient pas d'ailes, même pas ceux de la culture judaïque. Par exemple, Jacob, le fils d'Isaac, perçut dans une vision une échelle où des anges montaient, et en descendaient, établissant un lien entre le monde terrestre et Dieu. Cela démontre bien que les anges ne volaient pas. En fait, dans ces temps reculés, l'ange était considéré comme un guide intérieur, toujours présent quand on l'appelait — c'est d'ailleurs la façon dont l'ange, quel qu'il soit, devrait toujours être perçu.

Parce que les anges ont toujours servi l'homme, l'ont toujours défendu dans ses plus terribles batailles. C'est ainsi, dans la représentation de l'aide apportée dans ces moments difficiles, que les anges de Dieu se transformèrent en entités vêtues de lumière éclatante et radieuse...

DES VISIONS QUI ONT SURVÉCU

Les visions des prophètes Isaïe et Ézéchiel sont celles sur lesquelles reposent nos connaissances actuelles à propos des anges. Isaïe, qui vécut entre le VIIIe et le VIIe siècle avant Jésus-Christ, nous présenta sa vision des Séraphins qu'il décrivit comme ayant six ailes, chaque paire ayant une fonction précise: deux ailes leur couvraient le visage, deux autres les pieds et les deux dernières leur servaient à voler. Selon les représentations qui nous viennent de l'époque médiévale, les Séraphins sont rouges avec trois paires d'ailes et une épée de feu. Deux cents ans après Isaïe, le prophète Ézéchiel vit non pas les Séraphins, mais les Trônes, aussi appelés «les roues de Dieu», une autre catégorie d'anges (sur laquelle nous reviendrons plus loin dans ce livre) dans des visions qui eurent lieu le cinquième jour du quatrième mois de la trentième année de la captivité des Juifs à Babylone, soit environ 560 ans avant Jésus-Christ.

Selon la légende qui a survécu jusqu'à ce jour, c'est là, sur la rive de la Che'-bar, que le paradis s'ouvrit: «Chacun des quatre avait le visage d'un homme, avec aussi trois autres visages sur leurs casques — visages d'un lion, d'un bœuf et d'un aigle. Ces anges se déplaçaient sur roues, de couleurs bleue, verte et aquamarine; quand ces créatures s'envolaient, les roues s'envolaient aussi.» Au-dessus de leur tête, souligne la description, il y avait un genre de halo, couleur de cristal, alors que tout juste en dessous, de chaque côté de leur corps, naissaient leurs ailes.

QUI SONT-ILS ?

Tout comme dans la religion catholique, les anges sont fréquemment évoqués dans la religion judaïque. Ces histoires nomment spécifiquement quatre d'entre eux, Uriel, Gabriel, Raphaël et Michaël. Si Uriel apporte la lumière de la connaissance de Dieu aux hommes, s'il est l'interprète des prophéties et l'ange de la rétribution, Gabriel, lui, est l'ambassadeur de l'humanité — son nom signifie d'ailleurs «le Héros de Dieu» et c'est la raison pour laquelle il est perçu comme l'ange de la Révélation. C'est lui qui, constitué de feu, apporte les bonnes nouvelles. Michaël est le prince des Archanges; il est le commandant et le chef de l'armée céleste, son nom signifie d'ailleurs «ressemble à Dieu»: il est jeune, fort, très beau, et est représenté, dans les peintures de la Renaissance, portant l'armure — c'est sans doute pour cette raison qu'il est considéré non seulement comme le protecteur de l'Église catholique romaine, mais aussi comme le saint patron des Hébreux. Quant à Raphaël, le prince des Vertus, son nom signifie «le guérisseur divin» ou «Dieu guérit».

On pourrait encore écrire abondamment à propos des anges et des références que l'on trouve aussi bien dans les diverses religions que dans les légendes qui survivent après des siècles, et même dans certaines références historiques, mais nous nous satisferons de ces quelques pages qui ont surtout pour but de démontrer, de prouver, que les anges ne sont pas un phénomène nouveau.

Ils existent.

Au fil de ces pages, vous apprendrez d'ailleurs comment communiquer avec eux — comment les rencontrer.

LES ANGES
ET VOUS

La terre est au soleil ce que l'homme est à l'ange.

— *Victor Hugo*

L e Christ n'a-t-il pas dit: «Demandez et on vous donnera», ouvrant ainsi la porte à la magie directe par laquelle il suffit de formuler une demande pour que les forces supérieures se mobilisent pour donner satisfaction à la personne qui en fait la demande, et, par le fait même, affirmant l'existence de cette loi qui oblige les grands à répondre positivement aux demandes des petits.

Les anges planétaires, mieux connus sous le vocable d'anges gardiens, n'échappent pas à cette règle; ils ne peuvent donc pas refuser de nous aider. Il est toutefois entendu que, pour être comprises, nos demandes devront dépasser le simple stade de la propriété matérielle; ainsi on ne leur demandera pas de changer notre lave-vaisselle ou notre mobilier de salon ou de cuisine. D'une part, cela ne servirait à rien et, d'autre part, est-il vraiment nécessaire de s'adresser à une telle puissance pour de basses considérations matérielles? Poser la question, c'est y répondre.

Il n'en demeure pas moins, toutefois, qu'en faisant certaines demandes plus fondamentales, il ne sera pas impossible que la «réponse» influence directement notre quotidien et améliore notre qualité de vie, même matérielle — mais ce ne doit pas être un but. Il faut garder à l'esprit que, si l'on fait appel à un ange, quel qu'il soit, c'est d'abord et avant tout parce que nous avons besoin de réponses intérieures; parce que nous voulons nous sortir d'une situation difficile, nous sortir d'un mauvais pas. Dans une telle éventualité, il ne fait aucun doute qu'un ange ne pourra nous laisser sans une réponse positive — ils nous répondront toujours. Ils ne nous laisseront jamais — au grand jamais — tomber.

DES APPELS ENTENDUS

C'est la raison pour laquelle je dis clairement, sans peur de me tromper, que lorsqu'on fait appel à son ange gardien, comme à n'importe quel autre ange, on peut être persuadé d'être entendu — et mieux encore, aidé.

Notre ange gardien est cet ange désigné pour être à notre service, il est donc «disponible», «accessible», en tout temps, à tout moment; il fait partie de ces 72 génies, comme on appelait anciennement les anges, ces 72 «puissances» qui ont chacune un nom précis — et un numéro qui leur est accolé. Plus loin dans ce livre, vous trouverez un tableau exhaustif qui vous permettra de trouver le nom de votre ange gardien, lequel varie en fonction de votre date de naissance, de même que le nom des autres anges «disponibles». Comme vous le constaterez également, dans un autre tableau, chaque ange a un symbolisme qui lui appartient et des vertus qui lui sont propres. Ainsi, en plus de communiquer avec votre ange gardien, il vous est loisible de communiquer avec ces autres anges en fonction des demandes que vous souhaitez faire, des problèmes que vous désirez résoudre ou des situations que vous voulez éclaircir.

Avec ces informations, vous pourrez aller de l'avant avec vos invocations ou vos incantations — je vous en livrerai même quelques-unes, particulièrement si vous préférez vous adresser aux princes de chacune des Séphiras.

J'éviterai de vous plonger dans des explications complexes, même si le sujet l'est, puisque l'objectif de ce livre est d'abord et avant tout de le vulgariser, de vous le rendre compréhensible et, surtout, de vous expliquer comment chacun d'entre nous peut entrer en communication avec les anges. Cela ne m'empêchera toutefois pas de vous donner certaines informations qui, si elles ne sont pas essentielles pour apprendre à maîtriser cette «communication», n'en sont pas moins utiles pour quiconque souhaite agir en fonction des véritables objectifs qui doivent être les nôtres.

De nombreux livres existent sur le sujet, mais le problème est que la majorité des auteurs expliquent les effets de l'action des anges sur nos vies — dans notre quotidien même —, plutôt que d'expliquer comment chacun de nous peut tirer profit de ce lien étroit qui nous rattache à eux. Il faut dire, cependant, à leur décharge, que ces auteurs s'adressent à un public d'initiés qui s'intéressent au sujet depuis des années et des années — qui sait, peut-être deviendrez-vous un jour un de ceux-là?

LES «FAMILLES»
LES PUISSANCES

Anges purs, anges radieux,
Portez mon âme au sein des cieux!

— Michel Carré

L es anges nous viennent des traditions religieuses, on en
compte soixante-douze catégories réparties en neuf
chœurs en neuf familles pourrait-on dire plus simplement. Ces
familles, et leurs princes, c'est-à-dire les anges qui régissent
chacune des familles, sont les suivantes:

Les Séraphins par Métatron
Les Chérubins par Raziel
Les Trônes par Tsaphkiel
Les Dominations par Tsadkiel
Les Puissances par Camaël
Les Vertus par Raphaël
Les Principautés par Haniel
Les Archanges par Mikaël
Les Anges par Gabriel

Chaque famille, et aussi chaque ange, a donc ses particularités et ses vertus; on s'intéressera à elles en fonction
justement des demandes que l'on a à formuler lorsqu'on s'y
adresse.

Il faut cependant retenir que le plus puissant de tous
est l'ange Métatron. Le prince des Séraphins, lequel gouverne
globalement toutes les forces de la création. Ainsi, si l'on
souhaite faire appel à la plus grande force des anges, c'est à
Métatron que l'on s'adressera.

Plus loin, lorsque vous jetterez un coup d'œil à l'arbre
de vie — et que je vous l'expliquerai beaucoup plus en détail

—, vous remarquerez la position qui suggère l'interrelation de chaque chœur, de chaque ange et de chacun des princes. Chacun occupe donc une position précise qui lui a été attribuée en fonction de ses vertus.

LES ANGES DES JOURS DE LA SEMAINE

Autre chose qu'il convient d'aborder, même si ce n'est que sommairement — y aller plus en profondeur ne vous apporterait pas un meilleur éclairage et risquerait peut-être de semer dans votre esprit une certaine confusion —, et que je juge important de souligner, c'est qu'en plus des anges que l'on appelle nos anges gardiens, et qui nous sont spécialement dédiés, il en est qui, en particulier, régissent chacun des jours de la semaine. Si c'est l'ange Raziel qui domine de façon générale la semaine, chaque jour est sous la protection des anges suivants:

> Raphaël – le dimanche
> Gabriel – le lundi
> Camaël – le mardi
> Mikaël – le mercredi
> Tsadkiel – le jeudi
> Haniel – le vendredi
> Tsaphkiel – le samedi

LES ANGES DES HEURES DU JOUR

Nous pourrions aller encore plus loin, car chaque heure de chaque jour est également placée sous la gouverne d'un ange bien précis. Je vous en donne ici la liste à titre informatif, car ce sont aussi des anges que l'on peut invoquer à des moments bien précis. Dans l'énumération suivante, le moment de départ est 0 heure, c'est-à-dire minuit :

DIMANCHE

0 h à 1 h — Raphaël
1 h à 2 h — Haniel
2 h à 3 h – Mikaël
3 h à 4 h – Gabriel
4 h à 5 h – Tsaphkiel
5 h à 6 h – Tsadkiel
6 h à 7 h – Camaël
7 h à 8 h – Raphaël
8 h à 9 h – Haniel
9 h à 10 h – Mikaël
10 h à 11 h – Gabriel
11 h à 12 h – Tsaphkiel
12 h à 13 h – Tsadkiel
13 h à 14 h – Camaël
14 h à 15 h – Raphaël
15 h à 16 h – Haniel
16 h à 17 h – Mikaël
17 h à 18 h - Gabriel
18 h à 19 h – Tsaphkiel
19 h à 20 h – Tsadkiel
20 h à 21 h – Camaël
21 h à 22 h – Raphaël
22 h à 23 h – Hamiel
23 h à 0 h – Mikaël

LUNDI

0 h à 1 h – Gabriel

1 h à 2 h – Tsaphkiel

2 h à 3 h – Tsadkiel

3 h à 4 h – Camaël

4 h à 5 h – Raphaël

5 h à 6 h – Haniel

6 h à 7 h – Mikaël

7 h à 8 h – Gabriel

8 h à 9 h – Tsaphkiel

9 h à 10 h – Tsadkiel

10 h à 11 h – Camaël

11 h à 12 h – Raphaël

12 h à 13 h – Haniel

13 h à 14 h – Mikaël

14 h à 15 h – Gabriel

15 h à 16 h – Tsaphkiel

16 h à 17 h – Tsadkiel

17 h à 18 h – Camaël

18 h à 19 h – Raphaël

19 h à 20 h – Haniel

20 h à 21 h – Mikaël

21 h à 22 h – Gabriel

22 h à 23 h – Tsaphkiel

23 h à 0 h – Tsadkiel

MARDI

0 h à 1 h – Camaël
1 h à 2 h – Raphaël
2 h à 3 h – Haniel
3 h à 4 h – Mikaël
4 h à 5 h – Gabriel
5 h à 6 h – Tsaphkiel
6 h à 7 h – Tsadkiel
7 h à 8 h – Camaël
8 h à 9 h – Raphaël
9 h à 10 h – Haniel
10 h à 11 h – Mikaël
11 h à 12 h – Gabriel
12 h à 13 h – Tsaphkiel
13 h à 14 h – Tsadkiel
14 h à 15 h – Camaël
15 h à 16 h – Raphaël
16 h à 17 h – Haniel
17 h à 18 h – Mikaël
18 h à 19 h – Gabriel
19 h à 20 h – Tsaphkiel
20 h à 21 h – Tsadkiel
21 h à 22 h – Camaël
22 h à 23 h – Raphaël
23 h à 0 h – Haniel

MERCREDI

0 h à 1 h – Mikaël

1 h à 2 h – Gabriel

2 h à 3 h – Tsaphkiel

3 h à 4 h – Tsadkiel

4 h à 5 h – Camaël

5 h à 6 h – Raphaël

6 h à 7 h – Haniel

7 h à 8 h – Mikaël

8 h à 9 h – Gabriel

9 h à 10 h – Tsaphkiel

10 h à 11 h – Tsadkiel

11 h à 12 h – Camaël

12 h à 13 h – Raphaël

13 h à 14 h – Haniel

14 h à 15 h – Mikaël

15 h à 16 h – Gabriel

16 h à 17 h – Tsaphkiel

17 h à 18 h – Tsadkiel

18 h à 19 h – Camaël

19 h à 20 h – Raphaël

20 h à 21 h – Haniel

21 h à 22 h – Mikaël

22 h à 23 h – Gabriel

23 h à 0 h – Tsaphkiel

JEUDI

0 h à 1 h – Tsadkiel

1 h à 2 h – Camaël

2 h à 3 h – Raphaël

3 h à 4 h – Haniel

4 h à 5 h – Mikaël

5 h à 6 h – Gabriel

6 h à 7 h – Tsaphkiel

7 h à 8 h – Tsadkiel

8 h à 9 h – Camaël

9 h à 10 h – Raphaël

10 h à 11 h – Haniel

11 h à 12 h – Mikaël

12 h à 13 h – Gabriel

13 h à 14 h –Tsaphkiel

14 h à 15 h – Tsadkiel

15 h à 16 h – Camaël

16 h à 17 h – Raphaël

17 h à 18 h – Haniel

18 h à 19 h – Mikaël

19 h à 20 h – Gabriel

20 h à 21 h — Tsaphkiel

21 h à 22 h – Tsadkiel

22 h à 23 h – Camaël

23 h à 0 h – Raphaël

VENDREDI

0 h à 1 h – Haniel

1 h à 2 h – Mikaël

2 h à 3 h – Gabriel

3 h à 4 h – Tsaphkiel

4 h à 5 h – Tsadkiel

5 h à 6 h – Camaël

6 h à 7 h – Raphaël

7 h à 8 h - Haniel

8 h à 9 h – Mikaël

9 h à 10 h – Gabriel

10 h à 11 h – Tsaphkiel

11 h à 12 h – Tsadkiel

12 h à 13 h – Camaël

13 h à 14 h – Raphaël

14 h à 15 h – Haniel

15 h à 16 h – Mikaël

16 h à 17 h – Gabriel

17 h à 18 h – Tsaphkiel

18 h à 19 h – Tsadkiel

19 h à 20 h – Camaël

20 h à 21 h – Raphaël

21 h à 22 h – Haniel

22 h à 23 h – Mikaël

23 h à 0 h – Gabriel

SAMEDI

0 h à 1 h – Tsaphkiel
1 h à 2 h – Tsadkiel
2 h à 3 h – Camaël
3 h à 4 h – Raphaël
4 h à 5 h – Haniel
5 h à 6 h – Mikaël
6 h à 7 h – Gabriel
7 h à 8 h – Tsaphkiel
8 h à 9 h – Tsadkiel
9 h à 10 h – Camaël
10 h à 11 h – Raphaël
11 h à 12 h – Haniel
12 h à 13 h – Mikaël
13 h à 14 h – Gabriel
14 h à 15 h – Tsaphkiel
15 h à 16 h – Tsadkiel
16 h à 17 h – Camaël
17 h à 18 h – Raphaël
18 h à 19 h – Haniel
19 h à 20 h – Mikaël
20 h à 21 h – Gabriel
21 h à 22 h – Tsaphkiel
22 h à 23 h – Tsadkiel
23 h à 0 h – Camaël

DES ANGES «ACCESSIBLES»

Il nous faut donc constater qu'en plus de notre ange gardien, celui qui nous est spécialement attitré — et qui est en réalité une âme désincarnée qui ne se réincarne pas en même temps que nous dans cette vie —, nous avons deux autres anges qu'il est possible d'invoquer à tout moment, celui de la journée où nous sommes et celui de l'heure qu'il est. Notre ange gardien reste toujours le même, alors que les deux autres changent selon le jour de la semaine et l'heure de l'invocation.

Il est plus facile d'invoquer ces anges, de les approcher en quelque sorte, mais cela ne nous empêche pas d'invoquer celui dont les vertus se rapprochent le plus de nos besoins ou de nos attentes.

Quel que soit le nombre d'anges mis à notre disposition, il faut bien garder à l'esprit qu'aucun ne se manifestera, ne pourra agir, si on ne l'invoque pas. Et pour le faire, pour bien le faire, il faut l'interpeller par son nom — de là l'importance de le connaître. Vous trouverez son nom sur la liste qui apparaît plus loin dans ces pages. Ce nom est sacré. Il tire son origine du sanskrit ou de l'hébreu, et c'est ce qu'on appelle un mantra. Mais le mantra — ce mot que l'on prononce à répétition et qui nous apporte calme, tranquillité et sérénité — peut aussi être différent de celui de notre ange gardien ou de n'importe quel autre ange; il peut être simplement le nom d'une personne qui évoque pour nous cet état d'être.

La différence entre un mantra quelconque et le nom d'un ange, c'est que le nom des anges est ce qu'on appelle un mantra sacré, parce que chacun de ces noms, une fois prononcé, provoque une vibration qui suscite une forme d'énergie positive.

Même si je dis que, pour les voir agir pour notre bénéfice, il faut les invoquer, il est toujours possible que certains interviennent, dans des situations particulières, sans qu'on les ait invoqués, parce que ces anges régissent la journée ou l'heure que nous vivons et contrôlent les puissances qui peuvent en influencer le déroulement. Non seulement ces anges peuvent-ils intervenir sur le déroulement des événements, mais il peut même arriver qu'on les voie de la même façon qu'on voit une aura — il faut donc savoir distinguer ces visions.

LEUR «HIÉRARCHIE»
L'ARBRE DE VIE

Les miracles ne sont pas une contradiction de la nature, ils sont simplement une contradiction de ce que nous savons de la nature.
— Saint Augustin

Pour bien comprendre notre univers, sa hiérarchie, son «organisation», il est nécessaire, sinon essentiel, de connaître et comprendre l'arbre de vie, parfois aussi appelé l'arbre cabalistique ou l'arbre séphirotique. Pour une meilleure compréhension, nous garderons donc, dans ce livre, l'appellation d'arbre de vie.

Certes, le principe même de cet arbre, présenté d'une façon qui pourrait ressembler à un arbre généalogique, n'en est pas moins beaucoup plus complexe car, en dépit de la « force» des familles d'anges évoquées, il nous est possible, en tant qu'humains, de puiser dans les unes et les autres sans tenir compte de la hiérarchie de ceux-ci. Néanmoins, pour bien comprendre tout ce qui est relié à l'univers et au domaine des anges, il est essentiel d'en connaître tout au moins les principes de base. C'est ce que je tenterai de vous expliquer dans les lignes suivantes. J'éviterai toutefois d'entrer dans des détails trop complexes qui méritent certes notre intérêt mais qui ne sont pas indispensables pour quiconque veut se familiariser avec ce sujet et, surtout, apprendre à communiquer avec les anges.

POURQUOI? QUI? OÙ?

D'abord, pourquoi l'arbre de vie? On l'appelle ainsi parce qu'il représente les différents plans qui viennent nous équilibrer et nous aider. Chacun de ces plans est également relié à une planète qui nous donne la tendance au niveau planétaire. Si l'on prend pour exemple le plan humain, on remarquera qu'il est relié à la Terre, aussi appelée le royaume de Malkuth. Comme vous le constaterez en regardant l'illustration, il existe dix plans et l'homme, l'être humain, se trouve au dixième plan, tout au bas; la volonté est le plan le plus élevé avec lequel nous sommes en contact. À ce sujet d'ailleurs, l'illustration est très précise: on remarque clairement que le royaume de la Volonté est au premier plan, lequel est régi par la sphère ou tourbillon de vie (aussi appelé Séphiras) des Séraphins. Il est bon de savoir que ces Séphiras représentent les centres d'activités où les forces spirituelles organisent la vie. Après les Séraphins suivent d'autres familles d'anges ayant chacune ses traits caractéristiques, les Chérubins, les Trônes, les Dominations, les Puissances, les Vertus, les Principautés, les Archanges, les Anges. En dessous de tous ceux-là, le royaume des Humains apparaît au dixième plan.

L'idéal, le paradis sur terre, sera atteint lorsque nous serons à même de vivre, ici sur terre, une philosophie qui sera en quelque sorte un amalgame des philosophies de toutes ces familles d'anges et qui consiste en un état d'amour inconditionnel, un état auquel, déjà, nous aspirons pour la plupart mais que nous ne pouvons atteindre présentement. Toutefois, lorsque cela sera fait, quand nous aurons rejoint cet amour inconditionnel, cet amour universel, nous nous fondrons littéralement à l'arbre de vie et, alors, quelque chose d'incontestablement nouveau s'installera. Cependant, pour arriver à cet amour inconditionnel, il faut prendre conscience que nous sommes des êtres humains, que nous vivons sur la terre et que nous devons travailler et agir avec les énergies que la terre met à notre disposition. Ce n'est qu'en usant pleinement de nos «outils», de nos moyens, que nous pourrons peu à peu atteindre notre objectif final.

L'ARBRE CABALISTIQUE

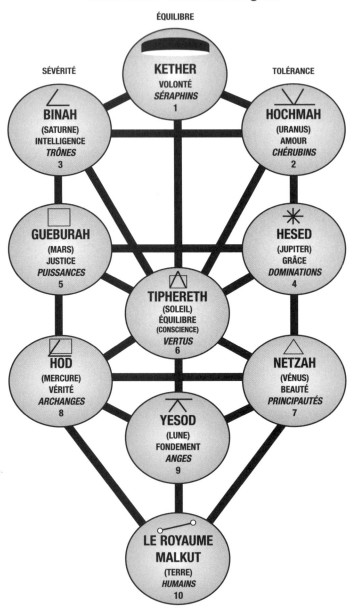

ÉQUILIBRE

SÉVÉRITÉ

TOLÉRANCE

KETHER
VOLONTÉ
SÉRAPHINS
1

BINAH
(SATURNE)
INTELLIGENCE
TRÔNES
3

HOCHMAH
(URANUS)
AMOUR
CHÉRUBINS
2

GUEBURAH
(MARS)
JUSTICE
PUISSANCES
5

HESED
(JUPITER)
GRÂCE
DOMINATIONS
4

TIPHERETH
(SOLEIL)
ÉQUILIBRE
(CONSCIENCE)
VERTUS
6

HOD
(MERCURE)
VÉRITÉ
ARCHANGES
8

NETZAH
(VÉNUS)
BEAUTÉ
PRINCIPAUTÉS
7

YESOD
(LUNE)
FONDEMENT
ANGES
9

**LE ROYAUME
MALKUT**
(TERRE)
HUMAINS
10

LES ROYAUMES
OÙ NOUS DEVONS PUISER

Le royaume qui nous est le plus proche est celui des Anges (le neuvième plan de l'illustration), lequel est régi par les énergies lunaires. Ces énergies jouent incontestablement un rôle sur le plan des émotions et des intuitions, mais il est très rare, par contre, que ces énergies aient une influence directe et importante sur le plan mental, le plan psychologique ou encore le plan intellectuel. Les Anges formant le royaume le plus près de nous — ils sont au neuvième plan, alors que nous sommes au dixième —, cette étape constituera notre prochain échelon à gravir pour amener une transformation radicale des êtres humains que nous sommes.

Le royaume des Archanges est tout juste sur le plan au-dessus des Anges — les Archanges sont au huitième plan, régi par la planète Mercure. C'est là que nous puisons toute notre intelligence et, plus encore, c'est en passant par ce royaume, par ce plan, que nous pouvons atteindre ce que l'on appelle «la vérité par la conscience intégrée». Plus avancée que la conscience simple, la conscience intégrée signifie que nous l'avons bien absorbée, que nous avons une conscience totale qui nous permet d'atteindre un état de vérité que nous ne pouvons connaître en étant simplement humains.

Ici, je vous décrirai chacun des plans et, par la suite, j'expliquerai l'interaction qui existe entre eux.

Sur le septième plan donc, nous retrouvons les Principautés, reliées au plan de Vénus, qui représente non seulement la beauté, mais aussi et surtout tout l'aspect féminin de l'être humain.

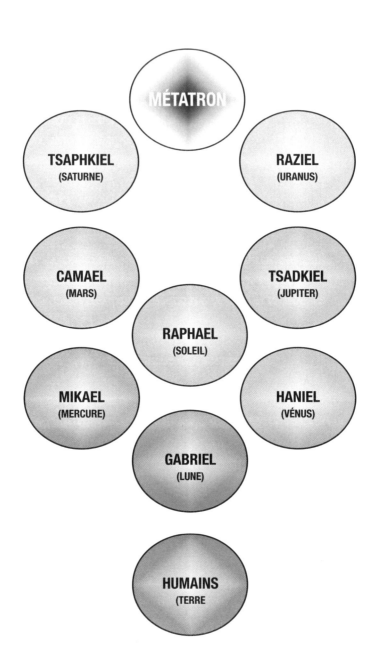

Après les Principautés, nous rejoignons ce que nous appelons l'«équilibre», c'est-à-dire les Vertus, au sixième plan, lesquelles sont régies par le Soleil. C'est là que nous rejoindrons le plan de la conscience mais, là encore, la conscience intégrée. Viennent ensuite les Puissances, au cinquième plan, qui sont régies par Mars, qui symbolise l'action sur tous les aspects en relation avec la justice, non pas la justice humaine mais bien la justice divine, la justice karmique, en d'autres mots: la justice spirituelle.

Plus haut dans l'arbre de vie, au quatrième plan, se trouvent les Dominations, lesquelles sont régies par Jupiter qui représente la nature fondamentale et en un certain sens la grâce de l'être humain. Il faut ici prendre garde à la signification des Dominations parce qu'elles ne signifient pas, contrairement à ce que l'on pourrait croire, qu'elles nous dominent ou que nous les dominons. En fait, ces Dominations représentent une hiérarchie céleste qui nous procurera la grâce par la beauté et par l'amour inconditionnel, tout cela nous permettant évidemment de développer la tolérance.

Passant à un plan supérieur, au troisième plan, nous rejoignons les Trônes, qui régissent l'intelligence, l'intelligence dite également intégrée et régie par Saturne — c'est-à-dire une intelligence plus forte et plus grande que la seule intelligence qui nous vient du plan mental ou intellectuel. Si notre intelligence n'est pas totalement intégrée, autrement dit si notre plan de conscience intégrée n'est pas en accord avec l'intelligence, certains problèmes pourront surgir, notamment sur le plan physique, par le biais de «maladies», qui devront être vues comme une phase nécessaire et bénéfique à la poursuite de notre évolution.

À un plan supérieur encore, au deuxième plan, se trouvent les Chérubins, qui sont régis par Uranus, planète qui nous permet souvent de rejoindre ou d'atteindre l'essence des choses, c'est-à-dire les choses cachées. Bien sûr, lorsque nous évoquons le nom des Chérubins, nous les imaginons immanquablement comme de petits anges avec de petites flèches dont les pointes sont en forme de cœur. Cela est bien compréhensible puisque, de tout temps, les Chérubins sont des anges reconnus pour agir sur le plan de l'amour; les Chérubins aident les gens à expérimenter l'amour.

Pour aller plus haut que les Chérubins, il faut passer au premier plan, soit celui de la volonté totale représentée par les Séraphins qui, eux, sont régis par l'ensemble des planètes de notre système solaire, de notre univers.

POURQUOI COMMUNIQUER AVEC LES ANGES?

Nous abritons un ange que nous choquons sans cesse. Nous devons être les gardiens de cet ange.

— Jean Cocteau

Tous ces anges ne sont finalement que le symbolisme des différentes étapes que nous avons à découvrir, à atteindre et à vivre pour emprunter le chemin de la vérité. À chacune de ces «étapes», nous accumulons en quelque sorte un bagage qui nous permet ou nous permettra d'asseoir les bases mêmes de notre futur, de notre être en devenir. Il faut établir cette base, ces assises, pour découvrir la beauté de la vie et atteindre la vérité. Cependant, la première chose, ou l'une des premières choses à faire pour atteindre la vérité, est d'atteindre la conscience équilibrée, laquelle est en soi, son nom l'indique, un état d'équilibre. Lorsque nous avons atteint cet équilibre, alors nous pouvons aller chercher la grâce et la justice qui nous amènent au niveau des Puissances et de nos propres Dominations à nous; lorsque nous sommes en parfait équilibre face à nous-mêmes, nous pouvons rejoindre la justice et la grâce, mais surtout la grâce dans la justice.

C'est ce qu'il ne faut pas oublier.

Ces explications, tout comme celles qui suivent, pourront vous paraître complexes et vous pourrez sans doute avoir de la difficulté à tout assimiler après une première lecture. Ne vous en faites pas, ce n'est rien que très normal. Lisez et relisez, et alors, peu à peu, vous vous familiariserez avec ces connaissances. Toutefois, je le souligne, celles-ci ne sont pas indispensables pour apprendre à communiquer avec votre ange gardien, mais il n'en demeure pas moins que lorsque vous comprendrez toute cette notion de conscience intégrée et d'équilibre, il vous sera plus facile de le faire.

Poursuivons donc ces explications un peu compliquées, je l'admets, mais je le répète, si vous le préférez, vous pouvez passer immédiatement à la section suivante, quitte à revenir à celle-ci plus tard.

LA RECHERCHE DE LA VÉRITÉ

Nous parlions d'équilibre. Lorsque nous sommes en parfait équilibre et que nous avons atteint la grâce et la justice, à ce moment-là nous découvrons l'amour, mais l'amour associé étroitement à l'intelligence, en ce sens que ce n'est ni notre intellect ni notre cœur qui vont l'un ou l'autre tout régir, mais bien les deux dans une parfaite complicité, dans une parfaite symbiose. Voilà ce qu'est vraiment l'amour intelligent, lequel nous amènera vers la volonté totale. Il est certain que l'idéal serait que tout se passe aisément, sans que l'on ait quoi que ce soit à faire, sinon à chercher. Mais — nous le savons tous — les choses ne se passent pas ainsi.

La condition *sine qua non* pour avancer, pour évoluer, est donc de vouloir, de rechercher la vérité. La vérité est toujours belle, toujours simple, c'est ce qu'il faut garder en tête, ne jamais perdre de vue. Quiconque recherche la vérité sans regarder la beauté des choses ne pourra jamais être en parfait équilibre ni atteindre une conscience intégrée. Et s'il faut que nous soyons capables d'apprécier la beauté extérieure des choses, il faut également que nous soyons en mesure d'apprécier la beauté intérieure des gens, de la nature, bref, de tout ce qui nous entoure.

Ce n'est donc que lorsque nous avons atteint la vérité dans la beauté, que nos bases et nos assises sont solides, que nous pouvons viser la conscience intégrée et un premier état d'équilibre. De là, nous avons accès à une parcelle de la vérité — non pas la vérité totale puisque cet état fait partie d'un autre plan — et nous pouvons commencer à vivre avec un certain équilibre en nous et autour de nous. Nous pourrons regarder et rendre grâce, saluer dans le sens le plus noble du terme, tout ce que nous faisons comme tout ce qui nous entoure, aussi bien le fait que nous nous réveillons tous les matins pour profiter d'une nouvelle journée, qu'un soleil radieux illumine notre journée, que nous nous couchons sous un clair de lune brillant, que nous avons quelqu'un avec qui partager notre vie. Tant de belles choses aussi simples que nous tenons pour acquises et dont nous ne savons plus réellement profiter. Il faudrait pourtant s'y arrêter. Combien de personnes, hélas, en sont privées et, justement, en souffrent?

C'est de cette façon, aussi, que nous pourrons atteindre une certaine puissance intérieure en étant conscients de la puissance de notre être, en étant conscients de la potentialité de notre être. Nous sommes des êtres humains, mais nous sommes plus que cela: nous sommes des êtres en devenir. Des êtres humains dont l'objectif ultime est finalement de devenir parfaits.

LE CHEMIN QU'IL FAUT SUIVRE

Il nous faut nous développer à la fois sur le plan intellectuel et sur le plan de l'amour inconditionnel. Aucun des deux ne doit s'affirmer au détriment de l'autre puisque ce n'est que s'ils se fondent complètement que nous atteindrons un équilibre qui nous permettra finalement de nous aimer nous-mêmes pour être en mesure d'aimer encore plus et mieux les autres. Oui, il faut développer la connaissance et l'amour de soi.

Certes, pour beaucoup de gens il est plus facile d'aimer les autres, de se montrer généreux, de faire n'importe quoi pour autrui que de s'aimer, de se donner, de faire quelque chose pour soi. Il faudrait pouvoir, tous les matins, se regarder dans la glace pour dire à son image: «Je t'aime.» Ce n'est qu'en agissant ainsi que nous rejoindrons vraiment la volonté. Il est certain que nous pouvons «sauter» des étapes; atteindre assez rapidement une certaine forme d'équilibre grâce à notre vécu et croire, du coup, que nous avons atteint la Volonté parce que nous avons la volonté d'avancer, la volonté de bouger. Or, il n'en serait rien puisque dès les premières épreuves, dès les premières embûches, nous ne pourrions être à même de comprendre la réalité que nous devons vivre, les batailles que nous devons mener; comprendre que l'équilibre est quelque chose qui doit constamment être remis «à l'ordre du jour» pour que nous puissions expérimenter un peu plus de justice, un peu plus de beauté et un peu plus de vérité autour de nous.

Le but, l'objectif donc, c'est l'atteinte de l'équilibre, mais un équilibre sans cesse renouvelé.

Toute cette quête à laquelle nous nous livrons, toute cette réalité est justement représentée dans l'arbre de vie; toutes les étapes y sont et, comme êtres humains, nous pouvons assumer certaines qualités et certaines forces des différents plans — même des plans élevés. Les gens intéressés strictement au plan matériel, par exemple, évolueront du plan dix, pour passer aux plans sept, quatre et deux — ce qui leur permet de développer la beauté, la grâce dans l'amour. D'autres, en revanche, partiront du plan dix — le plan qui est d'ailleurs notre plan de départ à tous —, et passeront aux plans huit, cinq et trois — tels des gens épris de justice, mais des gens aussi très avancés sur le plan intellectuel. Certes, ils atteignent des plans supérieurs, mais cela n'indique pas nécessairement qu'ils ont atteint l'équilibre nécessaire puisque des aspects particuliers prédominent sur les autres. Or l'objectif fondamental est justement d'arriver à une harmonie parfaite entre tous les plans. Il faut donc toujours garder à l'esprit qu'il importe d'assimiler les forces de chacun de ces plans pour les fondre ensuite dans une seule réalité.

ET NOUS, LÀ-DEDANS?

Quelques mots, pour conclure, sur l'illustration représentant la hiérarchie céleste. Chacun sera en mesure de constater qu'à chacun des plans de l'arbre de vie est rattaché un Séphiras, lequel est régi par un ange-prince et auquel sont rattachés huit autres anges, chacun ayant une fonction définie.

Nous, comme habitants de la terre, sommes au plan dix; le plan neuf, celui des Anges, est rattaché à Gabriel, lequel est régi par la Lune; le plan huit, celui des Archanges, est rattaché à Mikaël sous la planète Mercure; le plan sept, celui des Principautés, est rattaché à Haniel, lequel est régi par la planète Vénus; le plan six, celui des Vertus, est rattaché à Raphaël, lequel est régi par le Soleil; le plan cinq, celui des Puissances, est rattaché à Camaël, lequel est régi par la planète Mars; le plan quatre, celui des Dominations, est rattaché à Tsadkiel, lequel est régi par la planète Jupiter; le plan trois, celui des Trônes, est rattaché à Tsaphkiel, lequel est régi par la planète Saturne; le plan deux, celui des Chérubins, est rattaché à Raziel, lequel est régi par la planète Uranus; et, tout en haut, le plan un, celui des Séraphins, dont l'ange-prince est également le prince de tous les autres anges — celui à qui une demande très particulière devrait être adressée — est Métatron.

VOTRE ANGE GARDIEN
ET LES AUTRES ANGES À QUI
VOUS POUVEZ FAIRE APPEL

Les petites choses n'ont l'air de rien, mais elles donnent la paix. Dans chaque petite chose, il y a un ange.

— Georges Bernanos

O n les appelle les anges planétaires, mais on les désigne aussi plus communément sous le nom d'anges gardiens. En réalité, ils sont des anges désignés pour être au service des hommes — ils diffèrent naturellement selon votre date de naissance. Trouvez celui qui veille spécialement sur vous et parcourez les pages suivantes pour trouver ce qu'il peut vous apporter lorsque vous entrerez en communication avec lui. (Voir page 99 pour les prières particulières pour chaque ange.)

	Nom	Il est au service des personnes nées:
1	Véhuiah	du 21 au 26 mars
2	Jéliel	du 26 au 31 mars
3	Sitael	du 31 mars au 5 avril
4	Elémiah	du 5 au 10 avril
5	Mahasiah	du 10 au 15 avril
6	Lélahel	du 15 au 20 avril
7	Achaiah	du 20 au 25 avril
8	Cahéthel	du 25 au 30 avril
9	Haziel	du 30 avril au 5 mai
10	Aladiah	du 5 au 11 mai
11	Lauviah	du 11 au 16 mai
12	Hahaiah	du 16 au 21 mai
13	Yézalel	du 21 au 26 mai
14	Mébahel	du 26 au 31 mai
15	Hariel	du 31 mai au 6 juin
16	Hékamiah	du 6 au 11 juin
17	Lauviah	du 11 au 16 juin

18	Caliel	du 16 au 21 juin
19	Leuviah	du 21 au 27 juin
20	Pahaliah	du 27 juin au 2 juillet
21	Nelchaël	du 2 au 7 juillet
22	Yéiayel	du 7 au 12 juillet
23	Mélahel	du 12 au 18 juillet
24	Haheuiah	du 18 au 23 juillet
25	Nith-Haiah	du 23 au 28 juillet
26	Haaiah	du 28 juillet au 2 août
27	Yérathel	du 2 au 7 août
28	Séhéiah	du 7 au 13 août
29	Reiyel	du 13 au 18 août
30	Omaël	du 18 au 23 août
31	Lécabel	du 23 au 28 août
32	Vasariah	du 28 août au 2 septembre
33	Yéhuiah	du 2 au 8 septembre
34	Léhahiah	du 8 au 13 septembre
35	Chavakhiah	du 13 au 18 septembre
36	Ménadel	du 18 au 23 septembre
37	Aniel	du 23 au 28 septembre
38	Haamiah	du 28 septembre au 3 octobre
39	Réhaël	du 3 au 8 octobre
40	Iéiazel	du 8 au 13 octobre
41	Hahahel	du 13 au 18 octobre
42	Mikhaël	du 18 au 23 octobre
43	Veuliah	du 23 au 28 octobre
44	Yélahiah	du 28 octobre au 2 novembre
45	Séaliah	du 2 au 7 novembre
46	Ariel	du 7 au 12 novembre
47	Asaliah	du 12 au 17 novembre
48	Mihaël	du 17 au 22 novembre
49	Véhuel	du 22 au 27 novembre
50	Daniel	du 27 novembre au 2 décembre

51	Hahasiah	du 2 au 7 décembre
52	Imamiah	du 7 au 12 décembre
53	Nanaël	du 12 au 17 décembre
54	Nithaël	du 17 au 22 décembre
55	Mébahiah	du 22 au 27 décembre
56	Poyel	du 27 au 31 décembre
57	Némamiah	du 31 décembre au 5 janvier
58	Yéialel	du 5 au 10 janvier
59	Harahel	du 10 au 15 janvier
60	Mitzraël	du 15 au 20 janvier
61	Umabel	du 20 au 25 janvier
62	Iah-Hel	du 25 au 30 janvier
63	Anauel	du 30 janvier au 4 février
64	Méhiel	du 4 au 9 février
65	Damabiah	du 9 au 14 février
66	Manakel	du 14 au 19 février
67	Eyael	du 19 au 24 février
68	Habuhiah	du 24 février au 1er mars
69	Rochel	du 1er au 6 mars
70	Jabamiah	du 6 au 11 mars
71	Haiaiel	du 11 au 16 mars
72	Mumiah	du 16 au 21 mars

CE QU'ILS SYMBOLISENT
ET CE QU'ILS VOUS APPORTENT

Voici donc les anges apparaissant chacun dans sa catégorie, où l'on reconnaît également l'ange-prince qui les domine. Une fois que vous avez trouvé lequel est votre ange gardien, il suffit de lire le paragraphe qui lui est consacré pour connaître son symbolisme, comme aussi ce qu'il peut vous apporter.

LES SÉRAPHINS

Planète: Neptune
Prince: Métatron

1   Véhuiah
2   Jéliel
3   Sitaël
4   Elémiah
5   Mahasiah
6   Lélahel
7   Achaiah
8   Cahétel

CE QU'ILS SONT, CE QU'ILS VOUS APPORTENT

VÉHUIAH

Il symbolise la transformation.
Il accorde:
- Volonté puissante pour créer et pour transformer.
- Fait d'être le numéro un dans n'importe quel domaine.
- Rapidité de raisonnement.
- Lucidité vis-à-vis de soi-même.

JÉLIEL

Il symbolise la fécondité et la fidélité.
Il accorde:
- Fécondité aux personnes, aux animaux et aux plantes.
- Rétablissement de la paix conjugale et de la fidélité.
- Fidélité aux autorités.

SITAËL
Il symbolise la responsabilité.
Il accorde:
- Accès à des emplois importants, à de grandes responsabilités.
- Courage devant l'adversité.
- Protection contre les armes et les puissances du mal.

ELÉMIAH
Il symbolise le succès et la protection.
Il accorde:
- Succès professionnel.
- Évitement des problèmes professionnels.
- Protection pendant les voyages.
- Évitement des accidents.
- Paix intérieure aux personnes tourmentées, angoissées.

MAHASIAH
Il symbolise la paix et l'harmonie.
Il accorde:
- Fait de vivre en paix avec tout le monde.
- Connaissance des hautes croyances et des arts libéraux.
- Facilité à apprendre.
- Réussite des examens.

LÉLAHEL
Il symbolise la santé et la guérison.
Il accorde:
- Santé, guérison rapide des maladies.
- Illumination spirituelle.
- Renommée, fortune, dans le monde des sciences et des arts.

ACHAIAH

Il symbolise la compréhension et la foi.

Il accorde:

- Compréhension.
- Patience dans les moments difficiles.
- Découvertes concernant les secrets de la nature.
- Découverte du sens de la vie.
- Redécouverte de la foi.

CAHÉTEL

Il symbolise la récolte et la bénédiction.

Il accorde:

- Bénédiction divine.
- Éloignement des mauvais esprits.
- Réussite dans l'agriculture et récoltes abondantes.
- Grande élévation pour comprendre l'œuvre divine.

LES CHÉRUBINS

Planète: Uranus
Prince: Raziel

9	Haziel
10	Aladiah
11	Lauviah
12	Hahaiah
13	Yézalel
14	Mébahel
15	Hariel
16	Hékamiah

CE QU'ILS SONT, CE QU'ILS VOUS APPORTENT

HAZIEL
Il symbolise le pardon et l'amour inconditionnel.
Il accorde:
- Pardon total de toutes les fautes (miséricorde divine).
- Amitié et affection de gens importants.
- Accomplissement de toutes les promesses.

ALADIAH
Il symbolise la tolérance et la clarté d'esprit.
Il accorde:
- Régénération morale.
- Guérison des maladies.
- Excellente inspiration pour mener à terme une entreprise.
- Pardon des mauvaises actions commises.

LAUVIAH
Il symbolise la sagesse et le pouvoir.
Il accorde:
- Une très grande et utile sagesse.
- Le pouvoir juste (on peut prier pour les gouvernants).
- Protection contre les désastres naturels et personnels.

HAHAIAH
Il symbolise la révélation et la protection.
Il accorde:
- Pouvoir d'interpréter les rêves.
- Protection contre l'adversité.
- Révélation de la personnalité intérieure.

YÉZALEL
Il symbolise la réconciliation.
Il accorde:
- Fidélité conjugale.
- Réconciliation des époux.
- Puissante et heureuse mémoire.
- Habileté dans la réalisation de n'importe quelle tâche.

MÉBAHEL
Il symbolise la droiture et la justice.
Il accorde:
- Justice bienveillante et compréhensive.
- Libération des prisonniers, des opprimés, des innocents.
- Passion pour la justice ; célébrité dans l'exercice du droit.

HARIEL

Il symbolise la foi et la libération.

Il accorde:

- La foi; le retour à la foi; le fait de devenir croyant.
- Libération des mauvaises habitudes; élimination du vice.
- Inspiration dans le travail; découverte de méthodes utiles.

HÉKAMIAH

Il symbolise la grâce et l'amitié.

Il accorde:

- Protection aux personnes de haut rang.
- Obtention de la grâce et de l'amitié des personnalités importantes.
- Loyauté de l'entourage.

LES TRÔNES

Planète: Saturne
Prince: Tsaphkiel

17	Lauviah
18	Caliel
19	Leuviah
20	Pahaliah
21	Nelchaël
22	Yéiayel
23	Mélahel
24	Haheuiah

CE QU'ILS SONT, CE QU'ILS VOUS APPORTENT

LAUVIAH

Il symbolise la prémonition et le retour.
Il accorde:
- Retour d'affection; renouement avec nos anciens amis.
- Fait de vaincre l'insomnie; bon repos nocturne; bonne récupération.
- Rêves prémonitoires; révélations pendant les rêves.

CALIEL

Il symbolise la vérité et la justice.
Il accorde:
- Aide rapide dans l'adversité.
- Victoire de la vérité devant la justice humaine.
- Dénonciation des faux témoins et des calomniateurs.

LEUVIAH

Il symbolise le lâcher-prise et la bénédiction.

Il accorde:

- Grâce et bénédiction de la Providence.
- Récupération de la bonne mémoire; souvenirs utiles.
- Fait de surmonter l'adversité par la résignation.

PAHALIAH

Il symbolise la vocation.

Il accorde:

- Découverte et compréhension des lois du monde.
- Chasteté.
- Compréhension de notre utilité dans le monde.
- Éveil à la spiritualité.
- Vocation religieuse.

NELCHAËL

Il symbolise la victoire et la libération.

Il accorde:

- Victoire absolue sur les forces du mal.
- Libération d'une situation d'oppression, d'inquiétude.
- Rapide compréhension des mathématiques.

YÉIAYEL

Il symbolise le respect et la renommée.

Il accorde:

- Renommée, chance, bonne fortune, respect d'autrui.
- Protection contre les naufrages (au propre comme au figuré).
- Aide efficace aux commerçants qui souhaitent progresser.

MÉLAHEL

Il symbolise la protection et la guérison.

Il accorde:

- Protection contre les armes à feu et les attentats.
- Guérison par les plantes médicinales (infusions, tisanes).
- La pluie.
- La fertilité des terres.

HAHEUIAH

Il symbolise la protection.

Il accorde:

- Protection providentielle aux exilés et aux fugitifs.
- Les crimes secrets ne seront pas découverts (Dieu jugera).
- Protection contre les animaux malfaisants.

LES DOMINATIONS

Planète: Jupiter
Prince: Tsadkiel

25	Nith-Haiah
26	Haaiah
27	Yératel
28	Séhéiah
29	Reiyel
30	Omaël
31	Lécabel
32	Vasariah

CE QU'ILS SONT, CE QU'ILS VOUS APPORTENT

NITH-HAIAH
Il symbolise la sagesse et la compréhension.
Il accorde:
- Sagesse et privilège de comprendre l'ésotérisme.
- Rêves prémonitoires (surtout en l'invoquant le soir).
- Réussite des désenvoûtements.
- Fait de chasser le mal.

HAAIAH
Il symbolise la vérité.
Il accorde:
- Gain d'un procès.
- Bienveillance des juges.
- Protection dans la recherche de la vérité.
- Capacité de contempler les «choses» divines.

YÉRATEL

Il symbolise la mission et la protection.

Il accorde:

- Victoire sur les calomniateurs, les méchants et les ennemis.
- Protection contre ceux qui nous agressent.
- Mission de propager la Lumière, la Civilisation.

SÉHÉIAH

Il symbolise la longévité.

Il accorde:

- Protection contre les incendies.
- Protection contre tout accident, catastrophe, chute.
- Longévité.
- Longue et heureuse vie, pleine d'harmonie.

REIYEL

Il symbolise l'inspiration et la libération.

Il accorde:

- Libération des ennemis visibles et invisibles.
- Libération des envoûtements, du mauvais œil, des sortilèges...
- Inspiration céleste pour des prières, allocutions, discours.

OMAËL

Il symbolise la patience et la fécondité.

Il accorde:

- Patience, face à toutes les situations de la vie.
- Possibilité d'avoir des enfants ; accouchements faciles.
- Possibilité de donner la vie à une âme élevée.

LÉCABEL

Il symbolise l'illumination et la gloire.

Il accorde:

- Excellentes récoltes.
- Maîtrise de l'agriculture.
- Idées opportunes et lumineuses pour résoudre des difficultés.
- Gloire et fortune grâce au talent naturel.

VASARIAH

Il symbolise l'écoute et l'appui.

Il accorde:

- Protection immédiate contre ceux qui nous agressent.
- Aide du pouvoir le plus haut.
- Bienveillance et appui de la part des magistrats puissants.

LES PUISSANCES

Planète: Mars
Prince: Camaël

33   Yéhuiah
34   Léhahiah
35   Chavakhiah
36   Ménadel
37   Aniel
38   Haamiak
39   Réhaël
40   Yéiazel

CE QU'ILS SONT,
CE QU'ILS VOUS APPORTENT

YÉHUIAH
Il symbolise la protection supérieure.
Il accorde:
- Protection contre toute manœuvre hostile.
- Protection contre les pièges des méchants.
- Obéissance des subordonnés (dans le travail, surtout).

LÉHAHIAH
Il symbolise le calme et la chance.
Il accorde:
- Apaisement de la colère (la nôtre et celle des autres).
- Compréhension de l'œuvre divine (les lois divines).
- Chance spectaculaire!
- Décorations, grands prix...

CHAVAKHIAH

Il symbolise le pardon et l'harmonie.
Il accorde:
- Pardon de ceux que nous avons offensés.
- Arrangements à l'amiable à propos d'héritages.
- Paix et harmonie en famille, et entre les familles.

MÉNADEL

Il symbolise la libération.
Il accorde:
- Conservation de l'emploi.
- Augmentation du salaire.
- Protection contre la médisance.
- Libération des mauvaises habitudes qui nous tenaillent.

ANIEL

Il symbolise le courage et l'inspiration divine.
Il accorde:
- Fait de surmonter n'importe quelle difficulté de la vie.
- Célébrité par la connaissance des secrets de la nature.
- Inspiration par l'étude des lois de l'univers.

HAAMIAH

Il symbolise la voix et la vérité.
Il accorde:
- Compréhension du rituel de n'importe quel culte.
- Acquisition de trésors sur terre et dans le ciel.
- Protection pour la recherche et diffusion de la vérité.

RÉHAËL

Il symbolise le discernement et l'écoute.

Il accorde:

- Guérison des maladies, et miséricorde divine.
- Amour, respect et bonne entente entre parents et enfants.
- Obéissance des inférieurs vis-à-vis des supérieurs.

YÉIAZEL

Il symbolise l'inspiration et l'aide.

Il accorde:

- L'inspiration aux créateurs.
- Liberté pour les prisonniers.
- Disparition des ennemis.
- Consolation dans la peine.

LES VERTUS

Planète: Soleil
Prince: Raphaël

41	Hahahel
42	Mikhaël
43	Veuliah
44	Yélahiah
45	Séaliah
46	Ariel
47	Asaliah
48	Mihaël

CE QU ILS SONT, CE QU'ILS VOUS APPORTENT

HAHAHEL
Il symbolise la vocation et la foi.
Il accorde:
- Renforcement de la foi.
- Inspiration dans les causeries religieuses, sermons.
- Vocation pour des missions religieuses.

MIKHAËL
Il symbolise le discernement et le bonheur.
Il accorde:
- Voyages heureux (l'invoquer la veille du départ).
- Chance en politique (gagner des élections).
- Beaucoup de flair et de diplomatie pour réussir.

VEULIAH

Il symbolise la prospérité.

Il accorde:

- Libération d'une inquiétude, d'une oppression.
- Prospérité des entreprises (favorable aux entrepreneurs).
- Force lorsque nous chancelons.

YÉLAHIAH

Il symbolise la protection physique, la tolérance et la patience.

Il accorde:

- Protection des magistrats.
- Gains des procès.
- Protection contre les voleurs, les agresseurs.
- Courage dans les moments difficiles, dans l'adversité.

SÉALIAH

Il symbolise le succès et la santé.

Il accorde:

- Confusion des méchants, des vaniteux.
- Succès des humbles, élévation des gens modestes.
- Santé: plénitude de vie aux humains et aux animaux.

ARIEL

Il symbolise l'atteinte des idéaux.

Il accorde:

- Découverte de trésors cachés et des secrets de la nature.
- Rêves qui invitent à des réalisations.
- Idées nouvelles.
- Pensées élevées qui apportent des solutions.

ASALIAH

Il symbolise la vérité et la contemplation.

Il accorde:

- Possibilité de s'élever vers la lumière divine.
- Connaissance de la vérité, en nous et autour de nous.
- Contemplation de la divine mécanique, céleste et terrestre.

MIHAËL

Il symbolise la prémonition et l'amour.

Il accorde:

- Paix, amour, amitié et fidélité dans les couples.
- Pressentiments, prémonitions, bons présages d'avenir.
- Relations sexuelles fécondes, à tous points de vue.

LES PRINCIPAUTÉS

Planète: Vénus
Prince: Haniel
49   Véhuel
50   Daniel
51   Hahasiah
52   Imamiah
53   Nanaël
54   Nithaël
55   Mébahiah
56   Poyel

CE QU'ILS SONT,
CE QU'ILS VOUS APPORTENT

VÉHUEL
Il symbolise la renommée et la générosité.
Il accorde:
- Amour de Dieu, exaltation vers lui.
- Renommée grâce à nos vertus et à nos talents.
- Grande estime à cause de notre générosité.
- Bonté.

DANIEL
Il symbolise l'oubli et la grâce.
Il accorde:
- Remède à tous nos maux.
- Consolation providentielle.
- Pardon des péchés, oubli des injures.
- Rajeunissement; récupération de la grâce et de la beauté.

HAHASIAH

Il symbolise la vocation et la sagesse.

Il accorde:

- Sagesse.
- Élévation de l'âme aux choses de l'esprit.
- Vocation pour la médecine.
- Découvertes importantes.
- Fait de se voir confier des missions rédemptrices.

IMAMIAH

Il symbolise la protection et le respect.

Il accorde:

- Fait de connaître, respecter et aimer nos ennemis.
- Protection dans les déplacements, les voyages.
- Protection des prisonniers; moyens d'être libérés.

NANAËL

Il symbolise la connaissance et l'inspiration.

Il accorde:

- Inspiration pour l'étude des sciences.
- Inspiration, dans leur travail, aux magistrats et avocats.
- Connaissances ésotériques transcendantes, par la méditation.

NITHAËL

Il symbolise l'écoute et l'équilibre.

Il accorde:

- Miséricorde divine et longue vie heureuse.
- Bon accueil aux demandes adressées aux puissants.
- Conservation de ce qui nous appartient.
- Fuite des voleurs.

MÉBAHIAH

Il symbolise l'inspiration.

Il accorde:

- Fait d'avoir des enfants, si le couple en désire.
- Possibilité de mener une vie conventionnelle et morale.
- Aide à la diffusion des idées religieuses et spirituelles.

POYEL

Il symbolise le savoir et le pouvoir.

Il accorde:

- Tout ce qu'on lui demande.
- Renommée, richesse, savoir, connaissance et pouvoir.
- Fait de savoir bien s'exprimer.

LES ARCHANGES

Planète: Mercure
Prince: Mikaël

57	Némamiah
58	Yéialel
59	Harahel
60	Mitzraël
61	Umabel
62	Iah-Hel
63	Anauel
64	Méhiel

CE QU'ILS SONT, CE QU'ILS VOUS APPORTENT

NÉMAMIAH

Il symbolise la prospérité.
Il accorde:
- Prospérité en toute chose.
- Fait d'être le chef, le leader, dans les luttes justes.
- Avancement rapide dans la carrière.

YÉIALEL

Il symbolise la guérison et le combat.
Il accorde:
- Guérison de toutes les maladies (même psychosomatiques).
- Combat contre la morosité, réconfort dans la peine.
- Confusion des faux témoins et de ceux qui nous persécutent.

HARAHEL
Il symbolise la sagesse.

Il apporte:

- Succès contre la stérilité.
- Fait que les enfants seront obéissants et soumis aux parents.
- Découverte de trésors.
- Bonne et sage administration.

MITZRAËL
il symbolise la guérison et la libération.

Il accorde:

- Guérison des maladies mentales.
- Libération des persécutés.
- Fidélité envers les supérieurs.
- Goût du service.

UMABEL
Il symbolise la mémoire et le détachement.

Il accorde:

- Obtention de l'amitié d'une personne.
- Apprentissage rapide de la physique et de l'astrologie.
- Réconfort lors des peines ou des chagrins d'amour.

IAH-HEL
Il symbolise le bonheur.

Il accorde:

- Aide pour trouver un lieu tranquille afin de méditer.
- Bonne entente du couple; amour, amitié, bonheur.

ANAUEL

Il symbolise le courage et la santé.

Il accorde:

- Orientation des nations vers le christianisme.
- Protection contre les accidents.
- Guérison des maladies.
- Bonne santé.
- Grand courage.

MÉHIEL

Il symbolise l'inspiration et la protection.

Il accorde:

- Protection contre les instincts et les forces de l'enfer.
- Inspiration pour écrire et pour diffuser ses écrits.
- Connaissance et célébrité par la littérature.

LES ANGES

La planète: Lune
Prince: Gabriel

65	Damabiah
66	Manakel
67	Ayaël
68	Habuhiah
69	Rahaël
70	Jabamiah
71	Haiaiel
72	Mumiah

CE QU'ILS SONT, CE QU'ILS VOUS APPORTENT

DAMABIAH
Il symbolise le succès et la protection.
Il accorde:
- Protection contre les envoûtements et sortilèges.
- Protection contre les naufrages (moraux et matériels).
- Succès dans des entreprises utiles.

MANAKEL
Il symbolise la libération.
Il accorde:
- Apaisement de la colère de Dieu.
- Libération des sentiments de culpabilité.
- Sommeil facile (combat l'insomnie).

AYAËL

Il symbolise la compréhension et le réconfort.

Il accorde:

- Consolation dans l'adversité.
- Sagesse et illumination de la Providence.
- Compréhension de l'astrologie et de la philosophie ésotérique.

HABUHIAH

Il symbolise la guérison et la fécondité.

Il accorde:

- Guérison de toutes les maladies.
- Bonne santé.
- Fécondité chez les femmes.
- Fertilisation des terres.
- Récoltes abondantes.

RAHAËL

Il symbolise la recherche et la droiture.

Il accorde:

- Recouvrement des objets perdus ou volés (découverte du voleur).
- Renommée, fortune, héritages, donations.
- Renommée dans le milieu judiciaire.

JABAMIAH

Il symbolise la régénérescence et la récupération.

Il accorde:

- L'éternelle et inépuisable fécondité divine (pour tout réussir).
- Régénération des natures corrompues.
- Récupération de ses droits ou de ses fonctions corporelles.

HAIAIEL

Il symbolise le courage et la paix.

Il accorde:

- Dénonciation des méchants.
- Libération des oppresseurs.
- Protection.
- Victoire.
- Paix.
- Courage pour la lutte quotidienne.

MUMIAH

Il symbolise la révélation et l'objectif à atteindre.

Il accorde:

- Que tout expérience arrive à son terme, atteigne son objectif.
- Grande renommée dans le monde de la médecine.
- La révélation des secrets de la nature qui rendent heureux.

LEURS VERTUS
ET LEURS POUVOIRS

Au ciel, un ange n'a rien d'exceptionnel.

— *George Bernard Shaw*

Quand on sollicite l'aide d'un ange, quand on s'adresse à lui, quel qu'il soit, il faut le faire en toute confiance, comme lorsqu'on d'adresse à un père protecteur ou à un ami sincère; en prononçant son nom sacré, et en prononçant les mots suivants: «Seigneur ange [vous prononcez ici son nom], je t'invoque pour t'exposer mon problème et te demander de me conseiller sur la meilleure solution.» Plus loin, dans un chapitre particulier, nous verrons comment se conditionner et ce qu'il faut faire, sur le plan pratique, pour communiquer avec les anges. Voici tout de même quelques généralités qui ne sont pas sans intérêt.

Surtout, n'oubliez jamais: en toutes circonstances, vous pouvez invoquer votre ange gardien (celui qui relève de votre date de naissance). En toutes circonstances et à n'importe quel moment parce qu'il vous est attitré et que vous êtes déjà équilibré en fonction de ses énergies, et que ses énergies sont équilibrées en fonction de qui vous êtes.

VOUS OBTIENDREZ VOS RÉPONSES

L'ange que invoquerez vous apportera incontestablement la réponse que vous recherchez si, bien sûr, il sait que vous devez connaître cette réponse et que cela relève de sa puissance et de ses possibilités. Alors, je vous imagine déjà en train d'arriver à cette conclusion: il n'est pas assuré que l'on obtienne une réponse. Oui, cela est assuré. Parce que si votre ange gardien ne peut vous donner la réponse que vous attendez, pour quelque raison que ce soit, il transmettra votre prière ou votre demande à un autre ange qui, lui, sera en mesure d'exaucer vos désirs. Dans de tels cas, il est cependant possible que la réponse ne vienne pas immédiatement, mais vous devrez garder vos canaux de communication ouverts puisqu'il faudra vous attendre à obtenir cette réponse ultérieurement.

Il peut quand même arriver, dans certains cas très très particuliers, dans les cas où votre ange juge que vous ne devez pas connaître, au moment où vous en faites la demande, la réponse à une question précise, que vous fassiez alors connaissance avec un Melchiesedech, un ange que l'on dit bleu, à cause de la vision qu'il offre et qui est celle de son énergie; son énergie est bleue — il n'apparaît pas sous une forme humaine mais plutôt sous celle d'un faisceau bleu. La présence d'un Melchiesedech est toujours impressionnante car elle annonce que nous vivons une merveilleuse transition et que s'il lui est impossible de nous communiquer la réponse recherchée dans l'immédiat, nous n'en allons pas moins vivre cette réponse. J'ai remarqué que cela se produisait spécialement lorsque la réponse demandée était au-dessus des forces de celui qui la demandait; le Melchiesedech vient donc en quelque sorte nous transférer les énergies qui nous seront nécessaires pour traverser une phase déterminée.

Il arrive souvent, lorsqu'on ferme les yeux et qu'on commence une méditation, que des lueurs bleues apparaissent à notre esprit; cela indique généralement la manifestation d'un Melchiesedech, annonçant en quelque sorte que les événements qui nous attendent, dans un court laps de temps, risquent d'être éprouvants. À ce moment-là, quelque question que nous puissions poser, nous n'obtiendrons aucune réponse, tout au plus recevrons-nous ce qui peut apparaître comme un avertissement. Nous devons alors nous y plier. Si nous ne le faisons pas, les choses ne pourraient qu'empirer. La légende dit d'ailleurs qu'Adam et Ève avaient passé outre aux avertissements d'un Melchiesedech. C'est également pour ne pas avoir écouté les avertissements d'un Melchiesedech que Lucifer aurait été déchu. De nombreux autres exemples se trouvent dans la Bible.

Pour revenir à notre sujet, quand les Melchiesedech se manifestent, c'est toujours pour annoncer qu'un très très gros changement se produira dans notre vie. Certes, cela annonce aussi immanquablement des moments difficiles mais, par chance, les Melchiesedech nous apportent les énergies nécessaires pour traverser les épreuves ou relever les défis auxquels nous allons être confrontés.

Les Melchiesedech, donc, n'ont jamais besoin d'être invoqués, ils se manifestent d'eux-mêmes lorsque la situation l'exige.

RESTER OUVERT

Qui donc invoquer alors? On peut naturellement invoquer son ange gardien, ou l'ange de la journée ou de l'heure, ou encore invoquer directement Métatron — mais cet ange, en raison de sa fonction, peut en quelque sorte ne pas être disponible. Tous les autres princes des anges peuvent cependant être également invoqués en tout temps parce qu'ils sont les anges-princes qui régissent les autres anges. Si, de plus, c'est leur journée, nous serons alors directement alignés sur leurs énergies.

Plus on est précis sur le plan des énergies qu'on appelle, de l'ange qu'on invoque, plus la réponse demandée va arriver rapidement et clairement — il n'y aura pas d'interférence. En ce sens, il est excellent de garder sous la main ce livre pour la nomenclature complète des 72 anges, de ce qu'ils symbolisent et de ce qu'ils peuvent nous apporter. Avec toutes ces informations, nous pourrons adresser une invocation à l'ange qui régit très précisément le domaine à propos duquel nous nous préoccupons. Le point intéressant, comme je l'ai déjà dit, et je le répète — parce que c'est quelque chose d'essentiel —, il suffit de demander quelque chose à un ange pour obtenir une réponse, une réponse positive.

Après... après, ça ne dépend plus que de chacun de nous. Il faut entendre la réponse, bien sûr, mais aussi et surtout savoir l'écouter, la comprendre, la ressentir. La vivre avec les élans de son cœur. Si on ne la reçoit et ne cherche qu'à la vivre avec son intellect, il risque de ne rien se passer sur le plan de la concrétisation et de la véritable évolution.

SAVOIR SE PROTÉGER

Il arrive parfois que les choses ne se passent pas aussi facilement, qu'on soit tout à coup face à une entité dont on ne connaît ni le nom, ni la source, ni surtout les intentions. Pour se prémunir contre de telles interventions, il est conseillé, avant chaque invocation, de prononcer la phrase suivante :

QUE DOICH QUE DOICH QUE DOICH,
ADONAI SEBAYOT
Saint, saint, saint est l'éternel Sebayot
(un des noms utilisés pour signifier Dieu)
Que la Majesté de l'Éternel soit louée en son séjour.

Grâce à ces paroles sacrées, toute entité dont on ne connaît ni la source ni les intentions est obligée de montrer sa vraie nature et de disparaître si ses intentions peuvent nous être nuisibles; dans le cas contraire, si ses intentions peuvent nous être profitables, bénéfiques, toute entité restera présente et pourra alors communiquer avec nous. On a remarqué que lorsque ce phénomène se produisait, l'entité, quelle qu'elle ait pu être, donnait toujours la même réponse, soit la suivante:

BAROUCH, EBOD YOD HE VA HE MINE HOMO,
ALLELUIAH

Éventualité plus rare, si une entité garde le silence — mais ne disparaît pas pour autant —, cela signifie que l'entité en cause ne peut nous répondre parce qu'elle ne possède pas la référence à cette incantation.

Il suffit alors de faire connaître la raison qui justifie cette phrase, c'est-à-dire que l'on a nommé le nom de Dieu pour être certain que ses intentions étaient bonnes. Si l'entité est animée par de mauvaises intentions, elle va disparaître, alors que si elle est animée par de bonnes intentions, la «communication» pourra alors commencer.

Si, malgré tout, on continue d'avoir un mauvais pressentiment, il ne faut prendre aucune chance. Il faut alors réciter, mais avec conviction, le Notre Père qui est en quelque sorte une arme très puissante à laquelle aucune mauvaise entité ne peut résister. Mais, je le redis, il doit être prononcé avec conviction, et non pas simplement récité en pensant à autre chose — il n'aurait alors aucune force. D'ailleurs, il en est de même avec les invocations, qui doivent être prononcées, aussi, avec beaucoup de conviction, de confiance, de foi. N'oubliez jamais que ce sont là des paroles sacrées, des invocations sacrées, mais qui, souvent, perdent toute leur force parce qu'on ne se consacre pas suffisamment à ce que l'on dit. Dans de telles circonstances, il se peut qu'un jour vous n'ayez pas l'esprit à cela. Alors, il est préférable d'attendre le lendemain pour faire l'invocation.

En d'autres mots, en termes clairs: ne perdez pas de temps à faire quelque chose en quoi vous ne croyez pas ou à quoi vous n'avez pas assez de temps à consacrer.

Ceci dit, les entités négatives sont plutôt rares et leur existence ne doit pas nous empêcher de communiquer avec notre ange gardien ou avec n'importe quel autre ange planétaire.

CE QU'IL FAUT SAVOIR

L'apparence des anges, un eunuque ailé, n'est qu'une forme que nous, les hommes, de tout temps, leur avons attribuée pour nous les représenter. On l'a vu plus tôt, cela date même de centaines d'années avant Jésus-Christ. En réalité, puisque les anges sont des âmes non incarnées, ils ont une apparence de lumière, de lumière éblouissante. Cependant, ils ne peuvent se présenter devant nous sous cette apparence puisque leur seule clarté suffirait à nous aveugler, aussi se sont-ils en quelque sorte «pliés» à notre réalité et, lorsqu'ils nous apparaissent, il n'est pas rare qu'ils soient comme on les imagine.

Lorsqu'on appelle son ange gardien en prononçant son incantation (quelques-unes seront suggérées au chapitre suivant), il ne faut pas s'étonner d'entendre sa réponse qui semble parfois venir de loin ou qui, d'autres fois, se manifeste par une vibration que l'on ressent sur le plan physique. Tout le «mode d'emploi» pour rencontrer son ange gardien sera expliqué un peu plus loin mais il convient déjà, ici, de vous faire part de quelques phénomènes susceptibles de se manifester:

• Lorsqu'un ange vous apparaîtra, même s'il cherche à se mouvoir sans vous effrayer, ne vous étonnez pas d'être parfois affolé, ou simplement surpris.

• Gardez toujours à l'esprit que vous ne savez pas où il pourra apparaître; ça peut être dans des endroits aussi incongrus que la garde-robe.

• Quand vous prononcez une incantation, quand vous demandez à votre ange de vous apparaître, attendez-vous à ressentir des énergies nouvelles qui vous envahissent, à voir apparaître des lumières, des couleurs. Votre ange peut se manifester sous l'apparence qu'il désire. Rappelez-vous toujours que les anges ne peuvent refuser de se manifester quand on le leur demande, sauf dans les circonstances mentionnées plus avant et où, alors, se produira un autre phénomène.

• Si vous faites une incantation dans un lieu habité par des pensées négatives, si quelqu'un s'est déjà livré à la pratique de la magie noire, si certaines entités «habitent» ce lieu pour une raison ou une autre, attendez-vous à ce qu'il se produise des événements troublants, tels que des portes qui vont s'ouvrir et se fermer, des stores qui vont lever tout seuls, des lumières qui vont clignoter, ou même un cadre qui va se décrocher. Pour quelle raison cela se produit-il? Eh bien, l'invocation d'un ange, un dieu, dérange ces entités négatives et les oblige à déserter le lieu, mais ils ne le font pas sans montrer, d'une certaine façon, leur mécontentement. Chose certaine, après une première séance, ces entités auront disparu pour toujours.

• Dites-vous bien que les vivants sont bien plus dangereux que les morts; aucune forme d'énergie négative, quelle qu'elle soit, ne peut vous atteindre physiquement sans votre consentement.

Elles peuvent certes se manifester, se faire voir, vous faire un certain nombre de «suggestions», mais tout se passe sur le plan mental, et non sur le plan physique. Certaines suggestions provenant de ces forces négatives peuvent toutefois être troublantes. Je vous suggère alors d'appeler à l'aide, par son nom, votre ange gardien: il vous protégera.

LES INVOCATIONS
POUR LES APPELER À L'AIDE

Il y a quatre coins à mon lit,
Il y a quatre anges à ma tête,
Matthieu, Marc, Luc et Jean,
Bénissez le lit dans lequel je dors.
— Une prière d'enfants

V ous savez maintenant tout ce qu'il faut savoir pour communiquer avec votre ange gardien ou avec n'importe quel autre ange. Mais avant de passer directement à ce que l'on pourrait appeler le «mode d'emploi», je vous livre quelques invocations sachez que le mot «invocation» signifie appeler à son aide des forces supérieures: Dieu ou les anges.

Le livre égyptien des morts, pour l'un, affirme que l'être humain peut entrer en relation avec les dieux (les anges en sont à leur façon) par le simple fait de leur adresser des prières, des invocations. Cette même indication est d'ailleurs fournie, de façon très claire, dans tout ce que l'on appelle «textes sacrés de l'humanité», que ce soit dans les Védas hindous, les Oracles chaldéens ou même encore dans notre Bible. D'ailleurs, le songe du patriarche Jacob, que l'on retrouve dans les pages de la Bible, confirme cette hypothèse de l'échelle qui relie la terre au ciel et par où les anges montent et descendent pour prendre connaissance des désirs et des attentes des hommes, et — surtout — pour faire en sorte qu'ils se réalisent. À son réveil, Jacob prononça ces mots, que l'on retrouve très exactement dans la Genèse, XXVIII: «Si, vraiment, Dieu me protège, en m'inondant de nourriture, de vêtements et de biens, alors je ne servirai pas d'autre Dieu, et je lui payerai la dîme de toutes mes richesses.» Cela indique clairement, et sans l'ombre d'un doute, que les «demandes» adressées aux anges sont toujours exaucées; même celles qui peuvent concerner des besoins tels que la santé, le bien-être ou la richesse matérielle.

DES ADRESSES PRÉCISES

Ces demandes, ces prières de désirs à réaliser — qu'est-ce donc qu'une prière sinon une demande? — sont si nombreuses et si complexes qu'elles paraissent souvent comme une réaction des hommes face aux soucis, aux peurs, aux espoirs et aux attentes de l'existence. Cependant, il faut bien l'admettre, surtout lorsqu'on en est à une première expérience, qu'il peut être très difficile de s'adresser à une présence divine, invisible, à la bienveillance des anges. C'est la raison pour laquelle certaines prières comportent des mots magiques qui dépassent la compréhension logique, non pas pour contraindre les anges à se mettre à notre portée mais plutôt dans le but d'exprimer notre désir profond d'être aidés, secourus, orientés par des êtres, quoique invisibles, beaucoup plus grands que nous — dans le sens le plus noble du terme. Ces demandes ou ces prières particulières ont pour nom «incantations»; elles doivent être méditées, prononcées avec conviction, avec foi. D'ailleurs, vous ne tarderez pas à constater, sitôt vos premières expériences faites en ce domaine, que beaucoup de réponses et de solutions — beaucoup d'idées — vous apparaîtront sitôt l'entretien avec votre ange gardien ou l'ange-prince de la journée terminé.

Les invocations peuvent être faites n'importe où, bien qu'il soit préférable de choisir un lieu qui restera toujours le même, et où, toujours, nous retournerons pour communiquer avec notre ange gardien ou n'importe quel autre ange. Nul besoin que ce soit une endroit «réservé», ce peut être un coin de la salle à manger, ou de la chambre à coucher, ou de n'importe quelle autre pièce de la maison...

Voici donc quelques invocations qui peuvent être adressées aux anges-princes; elles pourront vous inspirer quant à celles que vous vous créerez pour invoquer votre ange gardien ou n'importe quel autre ange. Vous pourrez ensuite formuler la demande qui vous intéresse, c'est-à-dire la question à laquelle vous souhaitez obtenir une réponse ou encore le problème auquel vous souhaitez trouver une solution.

Pour vous adresser à Métatron:
Nous t'invoquons, Métatron,
Prince des énergies de l'Univers,
Roi de Kether, Source de Vie,
pour que tu déverses sur nous la Volonté nécessaire
à notre vie et à notre œuvre.

Pour vous adresser à Raziel:
Nous t'invoquons, Raziel,
régent du Centre de l'Amour suprême appelé
Hochmah.
Inonde-nous de cet Amour qui doit nous permettre de
tout aimer à égalité, sans qu'il se forme des sédiments
dans notre intérieur, pouvant donner lieu à des passions.

Pour vous adresser à Tsaphkiel:
Nous t'invoquons, Tsaphkiel,
pour que tes Trônes placent en nous
l'Intelligence pratique et pénétrante de Binah-Saturne qui nous
permettra de comprendre le mystère
et de le communiquer.

Pour vous adresser à Tsadkiel:
Nous t'invoquons, Tsadkiel.
Accorde-nous le pouvoir d'organiser le Monde
avec justice ainsi que les moyens matériels
pour mener à bien notre existence.

Pour vous adresser à Camaël:
Nous t'invoquons, Camaël.
Donne-nous le courage nécessaire pour extirper de
nous l'erreur, afin de pouvoir faire retour vers la
spiritualité,
si les avatars de la vie nous en écartent.

Pour vous adresser à Raphaël:
Nous t'invoquons, Raphaël,
pour que tu établisses dans notre conscience des
valeurs éternelles fermes et définitives.

Pour vous adresser à Haniel:
Nous t'invoquons, Haniel,
pour que tu nous accordes le don de l'Art et de la
Beauté, afin que notre message soit agréable à ceux
qui s'approchent de nous.

Pour vous adresser à Mikaël:
Nous t'invoquons, Mikaël,
pour que les Archanges de Hod-Mercure irriguent
notre mentalité avec la Pensée divine.

Pour vous adresser à Gabriel:
Nous t'invoquons, Gabriel,
pour que la Bonté puisse se manifester
dans tous nos actes.

«LE MODE D'EMPLOI» POUR ÉTABLIR LE CONTACT

Si vraiment, Dieu me protège, en m'inondant de nourriture, de vêtements et de biens, alors je ne servirai pas d'autre Dieu, et je lui payerai la dîme de toutes mes richesses.

— Jacob, Genèse, XXVIII

N ous arrivons maintenant à la partie qui vous intéressera sûrement le plus, c'est-à-dire à ce que l'on pourrait considérer comme le «mode d'emploi» pratique pour appeler votre ange gardien, ou un autre ange, à une rencontre. Vous le constaterez rapidement, le mode d'emploi est plutôt simple et consiste surtout en une façon de se préparer physiquement tout autant que psychologiquement, et de s'installer confortablement.

SOYEZ À L'AISE ET DÉTENDU

La première chose, la chose essentielle, est de se trouver un endroit calme, un peu retiré, où l'on sera certain de ne pas être dérangé. On peut également mettre une musique douce, à bas volume, ou encore s'installer dans le silence si on a la chance de profiter d'un bruit de fond agréable, comme le bruissement des feuilles d'un arbre, ou encore le chant des oiseaux. Cela a pour but d'aider à équilibrer les vibrations. On pourra également faire brûler de l'encens. Autant que faire se peut, lorsqu'on invoque un ange-prince, un archange ou un ange, l'encens en sera de lotus, de bois de santal ou de jasmin. Cependant, quand on s'apprête à faire une demande très particulière, l'encens de lotus est incontestablement le meilleur puisqu'il permet d'atteindre immédiatement les hauts plans éthériques. On allumera ensuite une petite bougie, de préférence de couleur bleue, lavande ou blanche.

Il faudra ensuite s'installer confortablement, c'est-à-dire s'asseoir ou s'allonger, selon sa préférence, de façon à se sentir le plus détendu et le plus décontracté possible — je n'ai ni les bras, ni les jambes croisés et je place mes mains chaque côté de moi — afin de pouvoir ressentir les énergies émises par l'ange que l'on s'apprête à invoquer et qui peuvent se manifester par une «conversation» et parfois même, avec le temps, par une apparition.

Enfin, lorsqu'on se sent prêt, on se concentre sur la musique, ou l'on prononce son mantra; on fixe la bougie et on hume l'encens qu'on a allumé. Il faut se détacher de l'espace physique dans lequel on se trouve. On ferme les yeux, sans les crisper, et on laisse défiler les images mentales qui peuvent apparaître sans pour autant s'attarder à l'une d'elles. Nous commencerons à nous concentrer lorsque nous commencerons à voir apparaître des couleurs, ça peut être n'importe quelle couleur — il est même plus que probable que la couleur de notre aura nous apparaîtra la première, ou encore la couleur rattachée à notre activité présente. Ce peut être le bleu si on travaille dans les communications, le jaune si on travaille sur le plan de la créativité, le vert si on travaille sur le plan des sentiments, des émotions, du cœur; si on travaille sur le plan de l'altruisme et de la conscience intégrée, ce sera l'indigo; si on travaille sur le plan spirituel, ce sera le violet et la lavande. Si le rouge apparaît, c'est parce que vous êtes quelqu'un de très terre à terre et que vous avez besoin, plus que d'autres, du moins à ce moment de votre vie, de votre dimension terrestre et physique. Mais, vous le remarquerez au fil des séances, les couleurs varieront en fonction de vos intérêts et de vos préoccupations.

L'APPEL À L'ANGE

Une fois bien installé, quand on se sent bien à l'aise — il faut habituellement de quatre à cinq minutes —, on peut alors commencer à appeler son ange gardien en l'interpellant par son nom: on lui demande d'avoir accès à lui et de se manifester «ici et maintenant avec moi», et on nomme son nom. Prenons pour exemple un nom fictif: Madeleine Haineault ; cette personne dirait donc: «Je demande ici et maintenant à l'ange [on nomme ici l'ange qu'on veut voir se manifester] d'être présent avec moi, Madeleine Haineault.» On sentira alors l'énergie s'installer.

Vous formulez ensuite votre demande, ou la question à laquelle vous voulez que l'ange réponde. Il est très important que votre demande soit formulée très clairement et qu'elle n'aille pas à l'encontre de qui ou quoi que ce soit. Par exemple, vous n'avez pas le droit de demander ce qui appartient à d'autres mais vous avez cependant le droit de demander à l'univers et à l'ange auquel vous vous adressez de vous envoyer l'équivalent et mieux que ce que vous voudriez avoir — mais il vous est interdit de priver quelqu'un de quelque chose qui lui appartient. Toutefois, habituellement, quand on fait une demande à son ange gardien, c'est pour aborder avec lui des questions plus importantes, des réponses à des questions intérieures, des informations sur le chemin à suivre, c'est d'ailleurs sur ces plans que l'on obtient le plus de réponses.

Mais soyons clair, l'un n'empêche toutefois pas l'autre.

Si on demande des choses matérielles à notre ange, on pourra les obtenir si cela ne va pas à l'encontre de ce que nous vivons actuellement, sinon notre ange nous expliquera la ou les raisons qui l'empêchent d'accéder à notre demande.

SOYEZ CLAIR, PRÉCIS

Une mise en garde: dans vos demandes, n'employez pas des termes comme «j'aimerais bien», «je voudrais bien», «ça serait bien le fun» ou encore «ça serait intéressant que». Il faut être clair, plus affirmatif et dire: «J'ai besoin de...» Si nous n'en avons pas besoin, nous ne l'obtiendrons pas, mais si rien ne nous empêche de l'avoir, nous l'obtiendrons. Mais jamais, souvenez-vous-en, d'hésitation. Différentes incantations existent pour chacun des anges.

Rappelez-vous que lorsqu'on prononce une incantation, il faut demander à son ange gardien de se manifester et d'être de plus en plus présent avec nous afin de nous ouvrir les voies face aux choses que nous avons à vivre et à comprendre. On peut aussi, plus simplement, lui dire: «Je crois que mon besoin est celui-ci, présentement; s'il te plaît, éclaire-moi pour savoir si mon besoin est tel que je le vois en ce moment. Sinon, montre-moi les autres voies à suivre.» On obtiendra ainsi des réponses plus claires, plus nettes, des réponses à propos desquelles on n'aura pas à se poser mille questions pour les interpréter ou les comprendre.

Mais il faut aussi donner à l'ange le temps d'agir — comme vous pouvez vous en douter, les délais de concrétisation peuvent varier selon le genre de demande que l'on formule.

Si l'on met en pratique les recommandations présentées dans ce livre, on constatera rapidement qu'adresser une demande à notre ange gardien est quelque chose de simple. Ça l'est, alors pourquoi faudrait-il se compliquer la vie?

Il est certain qu'il existe d'autres méthodes plus complexes, que vous pouvez utiliser des manuels de prières, d'incantations spécialisées. Tout cela est à votre convenance, selon vos désirs. Retenez cependant que les anges sont «disponibles» à chacun qui en fait la demande — un ange gardien, tout le monde en a un. Et, d'une certaine façon, appeler le sien à l'aide, pour quoi que ce soit, est une chose naturelle puisque c'est là le travail que Dieu a confié à ses anges — nous seconder, nous appuyer, nous aider à mieux vivre.

PRIÈRES PARTICULIÈRES ADRESSÉES AUX 72 ANGES GARDIENS

En quelque lieu que vous soyez, souvenez-vous du respect que vous devez à votre Ange.

— *Saint Bernard*

Nous connaissons tous notre lot de prières, du «Je crois en Dieu» au «Je vous salue Marie», en passant par le «Notre Père» et combien d'autres. Mais ces prières obtiennent-elles un véritable résultat? Nos demandes reçoivent-elles une réponse positive? Pas toujours, quoiqu'elles soient indéniablement d'un certain réconfort spirituel, sinon moral.

Alors, pour que nos demandes, nos prières – les demandes ne sont finalement que des prières présentées avec certains mots précis – qui doit-on prier? Une fois acceptée l'idée que la plupart des prières dont nous, croyants, disposons ne sont, somme toute, que comme des lettres, avec l'adresse ou le nom du destinataire faux ou incomplets, autrement dit qui s'adressent à des âmes, des entités spirituelles, qui ne disposent pas du pouvoir suffisant, ou adéquat, pour répondre aux demandes que nous formulons, il est impossible de ne pas croire qu'il puisse exister quelque part, quelqu'un, une force, une puissance, quel que soit son nom, qui puisse nous aider concrètement dans nos demandes - nos prières.

D'après les kabbalistes, c'est-à-dire ces spécialistes de l'interprétation ésotérique et symbolique du texte de la Bible (et dont le livre classique est «Le livre de la splendeur», les demandes des hommes doivent être adressées aux seules entités spirituelles occupées exclusivement au traitement des supplications, des prières faites avec insistance et une certaine soumission. La célèbre École de Cabale de Girona, qui s'est consacrée pendant longtemps, il y a quelques siècles, à l'étude de cette question, affirme qu'il existe des prières particulières qui peuvent être adressées aux 72 anges gardiens – ces puissances spirituelles que Dieu a désignées pour nous instruire et nous aider – et qui, alors, ne pourront faire autrement que d'exaucer nos demandes parce qu'ils ne peuvent refuser de le faire.

Pour réaliser quotidiennement l'identification avec l'ange qui règne sur la journée, nous avons reproduit le tableau d'identification des 72 anges gardiens, et des 72 prières qui correspondent chacune à un ange. Ces anges, rappelons-le, régissent chacun quelques jours en particulier, en plus d'être spécialement assignés aux natifs de ces jours.

Ces prières doivent être récitées le matin, le plus tôt possible – le regard dirigé vers l'est, c'est-à-dire vers le lieu où le soleil se lève.

Le but de chacune de celles-ci, et le pourquoi des mots, qui sont en quelque sorte rattachés à un rituel, est de briser les limites de la condition humaine, afin de rejoindre et influencer positivement les Mondes Divins – la prière, cela est reconnu depuis la nuit des temps, arrache l'homme à ses préoccupations immédiates et personnelles et lui fait découvrir la possibilité de contacter des Êtres de Lumière, de Sagesse et de Bonté. Ne l'oublions pas, les anges peuvent réellement nous conférer leurs dons et leurs pouvoirs.

Voici donc les 72 prières qui correspondent aux 72 anges de la Cabale. Ce chiffre 72, a-t-il une signification quelconque? Sûrement. Selon la légende, ces 72 anges représentent les 72 visages de la Divinité, c'est-à-dire qu'ils correspondent aux 72 facettes, aspects de la personnalité du Tout-Puissant, Père et créateur de l'univers; chaque aspect étant personnifié par ces êtres spirituels qui se chargent d'une tâche déterminée.

Ces 72 aspects sont donc nos anges gardiens, désignés par Dieu pour nous enseigner et nous protéger; ce sont eux qui se chargent de classer les prières que les hommes leur adressent, les transférant à l'entité compétente qui doit les présenter, elle, à Dieu. Par l'entreprise des 72 faces Divines, si la demande est faite dans le temps approprié, on peut tout obtenir car il faut savoir qu'il n'est pas du ressort d'un ange de refuser une demande qui lui est adressée.

Mais… non, si vous vous posez encore la question, les anges ne sont pas des êtres matériels, ailés, avec des violons ou des épées flamboyantes. Il n'en demeure pas moins qu'ils sont des entités spirituelles réelles; ils possèdent des vertus, des pouvoirs, des capacités d'action, des dimensions extra-ordinaires, des pouvoirs fantastiques. Cela ne les empêche pas toutefois d'être abordables, individualisés, symboliquement personnalisés.

Soixante-douze d'entre eux sont à notre service - c'est à nous de nous en servir.

Dans la deuxième partie, quarante prières supplémen-taires, marquées de l'empreinte de la spiritualité, vous per-mettront de communiquer avec votre ange gardien, comme avec n'importe quel autre ange.

Le but de chacune de celles-ci et le pourquoi des mots, en quelque sorte rattachés à un rituel, sont de briser les limites de la condition humaine afin de rejoindre les anges. La prière, cela est reconnu depuis la nuit des temps, arrache l'homme à ses préoccupations immédiates et personnelles et lui fait découvrir la possibilité de contacter des êtres de Lumière, de Sagesse et de Bonté.

COMMENT PROCÉDER

Il faut lire ces prières avec foi et confiance, c'est la façon de se mettre en contact avec l'ange, de se mettre à l'unisson avec lui. Idéalement, pour se faire, nous trouverons un endroit à l'écart de toute activité, ce peut être n'importe quelle pièce de la maison, à la condition que nous puissions nous y isoler en toute tranquillité et en toute quiétude, à l'abri de tout dérangement. Ensuite, nous chercherons à nous placer dans un état de méditation, de réflexion ou encore de grande relaxation – il faudrait aussi, idéalement, allumer une chandelle et n'avoir que celle-ci pour toute lumière. Quant aux bruits, il faut les éliminer le plus possible, sinon chercher une musique qui porte à la détente.

L'invocation que nous ferons – la prière –, sera adressée soit à notre ange gardien, soit à l'ange qui régit la journée où nous sommes (par exemple, si nous sommes natif du 12 août et que nous sommes la journée du 10 octobre, nous pourrons invoquer soit notre ange gardien qui sera Seheiah, ou celui de la journée (10 octobre) qui sera Iéiazel.

Il est très important, également, de formuler claire-ment notre demande; c'est la raison pour laquelle je vous conseille, avant de chercher à communiquer avec l'ange, de l'écrire et la méditer un court moment pour être certain qu'elle est claire – lisez-la à haute voix en vous écoutant, vous saurez alors si elle l'est.

Ensuite… ensuite, vous constaterez vous-même le résultat.

Sous le nom d'anges gardiens, on retrouve plus précisément les anges qui ont pour nom «anges planétaires»; des anges désignés pour être au services des hommes, pour les conseiller, les protéger – ils diffèrent selon notre date de naissance mais on peut aussi les invoquer, indépendamment de celui qui nous est assigné, les jours sur lesquels ils veillent. Il y a donc deux anges qui peuvent vous servir, que vous pouvez prier, avec lesquels vous pouvez communiquer.

Trouvez dans la liste débutant à la page 48, celui qui est personnellement assigné à votre «protection», comme ceux qui veillent sur chacun des jours de l'année.

1
VÉHUIAH
DU 21 AU 26 MARS

Aide-moi, Seigneur Véhuiah, pour que ma voix puisse se rendre toi, pour que je sois entendu et que tu puisses déposer en moi la force de décision nécessaire pour briser les liens de mes simples habitudes terrestres, et ainsi pouvoir devenir la base d'un univers nouveau.

Inspire-moi, Seigneur Véhuiah, à réaliser les desseins du Tout-Puissant, à recréer de mes mains humaines, le paradis qu'il avait créé; je serai le matériel, le ciment, le béton de son œuvre. Je t'offre d'ailleurs mon corps et mes véhicules pour édifier avec eux ce nouveau paradis.

Véhuiah, je te le dis, viens à ma rencontre pour répondre à mes interrogations et m'aider à atteindre le bonheur.

2
YÉLIEL
DU 26 AU 31 MARS

Aide-moi, Seigneur Yéliel, à prendre conscience de mes erreurs, afin que je n'aie pas à souffrir inutilement à l'occasion de ce passage sur terre. Je veux que tu m'aides à réaliser tout ce que l'on me demande de réaliser, sans que ma personnalité mortelle ne dresse d'obstacles à l'accomplissement de mon devoir divin.

Seigneur Yéliel, guide-moi pour que j'utilise à bon escient les connaissances que tu me transmets et que je me serve avec intelligence des biens que tu m'obtiens. Protège-moi lorsque ma santé faiblit; éclaire mon cœur pour que je comprenne le sens de l'épreuve; guide-moi sur la route qui est la mienne.

Yéliel, je te le dis, viens à ma rencontre pour répondre à mes interrogations et m'aider à atteindre le bonheur.

3

SITAEL

DU 31 MARS AU 5 AVRIL

Communique-moi, Seigneur Sitael, ton souffle avec la force implacable de celui qui sait et qui peut tout, pour que ton message pénètre en moi et que pas une seule parcelle de ton Amour ne se perde.

Aide-moi, pour qu'avec la puissance de cet Amour je puisse retourner aux sources de mon propre amour et vivre en bon entendement avec les autres.

Seigneur Sitael, permets-moi donc de m'alimenter à ta Lumière pour que je puisse vivre le destin de l'être humain que l'on a prévu pour moi, un destin heureux et comblé.

Sitael, je te le dis, viens à ma rencontre pour répondre à mes interrogations et m'aider à atteindre le bonheur.

4

ÉLÉMIAH

DU 5 AU 10 AVRIL

Seigneur Élémiah, prends-moi sous ta surveillance, sois mon instructeur et mon guide, car sans toi je ne pourrai trouver sans difficulté le chemin qui est le mien. Je sais que je suis fait de telle manière que je ne peux que me perdre dans ce labyrinthe de mes rêves; pour concrétiser ces rêves humains, je sais que je pourrais même contrevenir à tes lois et à celles de Dieu.

Seigneur Élémiah, si je te demande aide et protection, ce

n'est pas pour m'éviter les conséquences que mes actes pourraient me valoir, mais simplement pour que tu me guides vers ta lumière qui m'aidera à me comprendre moi-même et à comprendre le monde. Ce n'est qu'à ce moment-là, en toute conscience, que je pourrai être un instrument utile pour la réalisation de tes desseins.

Élémiah, je te le dis, viens à ma rencontre pour répondre à mes interrogations et m'aider à atteindre le bonheur.

5

MAHASIAH

DU 10 AU 15 AVRIL

Seigneur Mahasiah, libère-moi des engagements et des responsabilités, de mon passé et de mes vies antérieures et aide-moi à retrouver le chemin qui mène aux demeures célestes. Je dois me rappeler l'être divin que je suis afin que je puisse contribuer avec mes frères et mes sœurs humains à construire ici le paradis.

Seigneur Mahasiah, donne-moi la compréhension des choses telles qu'elles doivent être et donne-moi aussi la force d'être le bâtisseur de ce nouveau monde dont nous rêvons tous.

Seigneur Mahasiah, révèle-moi tel que je suis dans mon essence.

Mahasiah, je te le dis, viens à ma rencontre pour répondre à mes interrogations et m'aider à atteindre le bonheur.

6
LÉLAHEL

Seigneur Lélahel, toi qui es à la source de toutes choses, fais de moi le réceptacle vivant de tes connaissances et de ton savoir. Que je sois rempli, Lélahel, de ta présence, de façon à ce que ta force agisse et que je sache quelle doit être mon action lorsque le monde m'appellera à construire notre paradis, ici, sur terre. Seigneur Lélahel, place devant moi les personnes que je dois rencontrer pour faire fructifier, en elles et par elles, ta connaissance et ton savoir. Si mon travail est juste à tes yeux, mène-moi, Seigneur, jusqu'au trône de Dieu. Mais Seigneur Lélahel, garde-moi surtout, toujours, de cette vanité qui consisterait à penser que mes œuvres sont à moi car en réalité c'est de toi qu'elles émanent. Fais que lorsque je serai proche de l'oublier, je m'en souvienne.

Lélahel, je te le dis, viens à ma rencontre pour répondre à mes interrogations et m'aider à atteindre le bonheur.

7
ACHAIAH

Seigneur Achaiah, fais que mon savoir et mon intelligence se placent toujours au service de causes justes. Garde-moi de la tentation d'utiliser mon ingéniosité dans le seul but d'en faire étalage. Lorsque tes forces me feront aller au-delà de moi-même, reste à côté de moi, pour me montrer la route à suivre, mais aussi pour m'inspirer la prudence que je pourrais oublier. Fais que, lorsque j'interviens dans les affaires de mes proches et de mon entourage, je ne le fasse que motivé par l'intérêt que tu portes à ceux-là mêmes qui ont besoin de ton aide. Si c'est moi qui dois être cette aide, si c'est moi qui dois être cet instrument, n'hésite pas à te servir de moi. Seigneur Achaiah, je serai celui que tu veux que je sois car, toi mieux que quiconque sait quel est mon destin.

Achaiah, je te le dis, viens à ma rencontre pour répondre à mes interrogations et m'aider à atteindre le bonheur.

8
CAHÉTHEL
DU 25 AU 30 AVRIL

Seigneur Cahéthel, fais que je puisse être ton instrument pour découvrir moi-même et révéler aux autres le potentiel insoupçonné que nous possédons tous; que je puisse découvrir et montrer, à chacun, tous ces nouveaux espoirs qui nous sont permis. Oui, Seigneur, je veux être l'instrument qui fera révéler clairement la force et la puissance des ressources morales qui sommeillent en nous et qui nous permettent, à condition de le vouloir vraiment, de modifier ces situations qui nous paraissent parfois incontournables. Je veux être ton outil. Je veux être un de ceux par qui tu montres aux humains qu'il est possible de surmonter les doutes et les hésitations.

Seigneur Cahéthel, sois mon guide, à tout moment, pour que je surmonte sans peine et sans souffrance les dures épreuves de l'adversité que je trouverai sur mon chemin et que, ce faisant, je sois un exemple pour les autres.

Cahéthel, je te le dis, viens à ma rencontre pour répondre à mes interrogations et m'aider à atteindre le bonheur.

HAZIEL

DU 30 AVRIL AU 5 MAI

Seigneur Haziel, permets-moi d'accomplir mes objectifs moraux. Fais que je mette mon savoir, mon intelligence et mes moyens au service d'une société humaine et fraternelle; que tout en moi fonctionne en harmonie et suscite chez les autres le même désir d'harmonie. Fais que nous alimentions tous les mêmes rêves, que nous vivions tous le même but.

Seigneur Haziel, donne-moi la force et le bon sens de ne pas m'égarer dans de vaines entreprises et dans des causes discutables. Donne-moi les biens matériels que je souhaite mais sans que ce soit au détriment de quiconque.

Seigneur Haziel, je veux connaître le confort matériel, mais veille à ce que je garde toujours en moi la conscience des autres. Ce n'est qu'ainsi que mon or se transformera en lumière.

Haziel, je te le dis, viens à ma rencontre pour répondre à mes interrogations et m'aider à atteindre le bonheur.

10

ALADIAH

DU 5 AU 11 MAI

Seigneur Aladiah, fais que je comprenne, à tout moment, ce que tu me souffles, afin que je puisse mettre mes talents au service de ta cause qui est celle de la quête constante des éternelles vérités. Les connaissances et les forces que j'ai acquises dans cette vie terrestre, je les mets à ta disposition pour vivifier avec elles tous ceux qui n'ont pas encore pris conscience que les mêmes connaissances et les mêmes forces les habitaient.

Seigneur Aladiah, sache que je ne nourris pas d'autre ambition que celle de transmettre à mes frères la beauté de ton univers; ce n'est pas une tâche facile et je ne pourrai la mener à bien que si tu me prêtes ton concours et ton inspiration.

Seigneur Aladiah, j'ouvre grand mon cœur et mon âme à ton souffle: pénètre-moi de ta sagesse.

Aladiah, je te le dis, viens à ma rencontre pour répondre à mes interrogations et m'aider à atteindre le bonheur.

11
LAUVIAH
DU 11 AU 16 MAI

Seigneur Lauviah, veille à ce que mon âme conserve la pureté nécessaire à la manifestation de ta pensée; efface les impuretés, lève les obstacles érigés par ma personnalité mortelle, afin que ton courant puisse couler comme un long fleuve tranquille. Évite-moi des ennemis qui seraient autant de freins, et des amis qui me retiendraient prisonniers de fausses valeurs. Donne-moi un lieu pour méditer et rempli-moi de zèle pour transmettre cette connaissance et ce savoir que toi-même m'enseigne.

Seigneur Lauviah, ne permets pas que par ma conduite, je travestisse les paroles que tu me communiques; encourage en moi ce désir sincère de dévouement et permets-moi d'être l'un des instruments qui me permettront et qui permettront aux autres de découvrir la sagesse profonde des inspirations que tu nous communiques.

Lauviah, je te le dis, viens à ma rencontre pour répondre à mes interrogations et m'aider à atteindre le bonheur.

HAHAIAH

DU 16 AU 21 MAI

Seigneur Hahaiah, fais que ma foi soit féconde; fais que ta lumière, accumulée dans mon intérieur, soit si intense que je ne mette jamais en doute tes enseignements. Fais que les tentations que la vie me présente servent mon raffermissement dans la foi et m'aident à acquérir une plus haute conscience, et une confiance toujours plus grande en qui tu es et en ce que tu représentes.

Seigneur Hahaiah, fais que j'aie la force d'oser; fais que j'aie le courage de faire face au danger; fais que ta lumière m'aide à vaincre mon obscurité. Guide-moi vers la vérité et fais de moi un citoyen de ton monde où, déjà, le doute et les hésitations n'existent plus.

Seigneur Hahaiah, fais aussi, je te le demande, que je sois pour les autres, et pour moi, une source de santé et de joie.

Hahaiah, je te le dis, viens à ma rencontre pour répondre à mes interrogations et m'aider à atteindre le bonheur.

13

YÉZALEL

DU 21 AU 26 MAI

Seigneur Yézalel, révèle-moi les particularités de tes lois pour que je puisse sur cette terre être l'exécuteur de tes œuvres. Mais fais que cela ne t'empêche pas d'éviter que ta lumière m'éblouisse et qu'elle fasse de moi un être qui puisse un jour croire être plus puissant que le maître que tu es, évite-moi de devenir orgueilleux et insolent. Fais que je sois simplement, sereinement, un instrument à ton service.

Seigneur Yézalel, montre-moi la route que je dois suivre et je la suivrai parce que je sais que tu es là pour me guider et m'inspirer; que tu es là pour m'indiquer le dessein que le Tout-Puissant désire que j'accomplisse. Je sais que tu sais quel est mon destin et je veux que tu m'aides à le réaliser.

Yézalel, je te le dis, viens à ma rencontre pour répondre à mes interrogations et m'aider à atteindre le bonheur.

14
MÉBAHEL
DU 26 AU 31 MAI

Seigneur Mébahel, donne-moi la force et le courage de faire face à mon destin en toute quiétude et en toute sérénité; pour que j'aie la force, aussi, de changer en bien le mal que j'ai pu faire dans cette vie ou dans une précédente. Éclaire-moi de ta lumière pour que je puisse savoir le chemin que je dois suivre et que jamais ne se dressent en ennemis les désirs de mon cœur et ceux de ma tête. Je veux être un humain, je veux vivre mes émotions avec bonheur.

Seigneur Mébahel, que ma vérité soit toujours ta Vérité; que mes convictions ne s'écartent pas de ta loi; que mon travail humain serve à rendre plus transparents, plus évidents, tes desseins et ton œuvre.

Mébahel, je te le dis, viens à ma rencontre pour répondre à mes interrogations et m'aider à atteindre le bonheur.

HARIEL

DU 31 MAI AU 6 JUIN

Seigneur Hariel, fais que tout dans ma vie soit comme il faut. Aide-moi pour que, à d'autres, je ne transferts pas mes problèmes et mes engagements. Donne-moi des forces pour que je puisse moi-même réaliser mes tâches essentielles, sans sentir le désir de charger sur les épaules de mes proches et des gens de mon entourage mes propres devoirs.

Seigneur Hariel, inspire-moi pour que je prenne les décisions qui s'imposent pour me débarrasser de ce que je crois être la réalité immuable et ainsi pouvoir avancer plus léger et plus libre vers le savoir supérieur. J'ai besoin de ton inspiration et de ton aide pour me diriger sans crainte vers ce monde où vivront de nouvelles valeurs. Libère-moi de la tentation de laisser ce travail à ceux qui viendront après, en les obligeant à effectuer le travail que tu me suggères aujourd'hui.

Hariel, je te le dis, viens à ma rencontre pour répondre à mes interrogations et m'aider à atteindre le bonheur.

16

HÉKAMIAH

DU 6 AU 11 JUIN

Seigneur Hékamiah, toi qui as accès à la mémoire éternelle des existences, donne-moi la force et le courage nécessaires pour réparer le mal que j'ai fait ou que j'ai pu faire aujourd'hui et hier. Sache que je veux sincèrement, profondément, découvrir le véritable amour désintéressé. Vide mon âme de tout ce qui n'est pas droit, de tout ce qui est misérable pour que, dans ma pénombre, ta lumière puisse m'éclairer.

Seigneur Hékamiah, fais que je sois, de par mon vécu quotidien, un exemple pour les autres, qu'ils comprennent que tous, chacun, nous pouvons corriger nos travers et nos faiblesses; que nous pouvons devenir des êtres véritables, des humains qui vivent en fonction des attentes et des besoins de leurs semblables.

Hékamiah, je te le dis, viens à ma rencontre pour répondre à mes interrogations et m'aider à atteindre le bonheur.

17
LAUVIAH
DU 11 AU 16 JUIN

Seigneur Lauviah, aide-moi à être ton instrument pour que j'aide à construire un monde nouveau, rempli de bonheur, qui aura des objectifs fixés vers l'éternité. Que mes actions et mes gestes, aujourd'hui et demain, contribuent à apporter le bonheur à mes semblables. Place mon intelligence au service des besoins réels de tous et chacun et ne permets pas que je l'utilise pour entraver l'avancement des justes causes.

Seigneur Lauviah, fais que mes actions soient toujours axées vers un objectif de mieux-être qui puisse profiter à tous les êtres humains, quelle que soit leur condition. Garde-moi de la haine et de la violence, et fais qu'à tout moment je sois capable de céder, plutôt que de détruire.

Seigneur Lauviah, je veux être ton instrument.

Lauviah, je te le dis, viens à ma rencontre pour répondre à mes interrogations et m'aider à atteindre le bonheur.

CALIEL

DU 16 AU 21 JUIN

Seigneur Caliel, tu m'as donné quantité de dons. Aussi, aujourd'hui, fais en sorte que je puisse m'en servir de manière à ce qu'il me profitent et qu'ils profitent également à tous mes semblables. Mon esprit voit le monde que tu veux voir naître, et mes mains apprennent à modeler les formes qui en feront une réalité. La tâche ne sera pas facile, des épreuves et des embûches se présenteront mais aucune ne sera suffisamment forte pour m'écarter de mon chemin et m'éloigner de ta divine présence, parce que tu as aussi placé en moi la force et le courage pour les vaincre.

Seigneur Caliel, je te le demande, fais en sorte que cette candeur soit ce qu'il y a de plus fort, ce qu'il y a de plus intense en moi, pour que je puisse grâce à elle, puiser sans cesse à ta source de vie.

Caliel, je te le dis, viens à ma rencontre pour répondre à mes interrogations et m'aider à atteindre le bonheur.

LEUVIAH

DU 21 AU 27 JUIN

Seigneur Leuviah, je sais que je suis un humain fait de matière mais je sais que je peux aussi, avec ton aide, parcourir en esprit les espaces infinis que tu m'offres de découvrir; je peux aller au-delà de ce monde concret que je connais pour découvrir l'essence même de la spiritualité qui m'anime. Je veux que tu me révèles tous les secrets enfermés dans ta profondeur divine; un par un, l'un après l'autre, dans un ordre parfait pour que mon intellect fragile puisse ainsi les assimiler et les projeter au monde des hommes.

Seigneur Leuviah, aiguise mes centres de perception pour que je puisse servir dans la réalisation de tes desseins, pour que je puisse, par mon exemple, montrer aux autres qu'il existe des forces insoupçonnées dans les profondeurs de leur être.

Leuviah, je te le dis, viens à ma rencontre pour répondre à mes interrogations et m'aider à atteindre le bonheur.

20
PAHALIAH
DU 27 JUIN AU 2 JUILLET

Seigneur Pahaliah, fais renaître en moi tous les principes qui ont animé le monde pour qu'il devienne ce qu'il est devenu et que, ainsi, je devienne ton humble serviteur dans la réalisation de tes desseins.

Seigneur Pahaliah, tu connais mon destin, ainsi je te demande de me guider sur la route qui est la meilleure que je puisse suivre afin que je ne sois pas détourné vers des buts futiles et que je contribue, de tout mon être, de toutes mes possibilités, de toutes mes capacités, à la création d'un monde nouveau qui profite à tous les humains de bonne volonté.

Seigneur Pahaliah, je veux être porteur de santé et de longue vie, messager de tes paroles empreintes de sagesse.

Pahaliah, je te le dis, viens à ma rencontre pour répondre à mes interrogations et m'aider à atteindre le bonheur.

NELCHAEL

DU 2 AU 7 JUILLET

Seigneur Nelchael, donne-moi les outils nécessaires pour que je puisse contribuer à la construction d'un avenir meilleur, donne-moi les repères nécessaires pour créer un monde aussi merveilleux que nos esprits peuvent l'imaginer.

Seigneur Nelchael, aiguise mes sentiments pour que je puisse ressentir l'expérience vivante de ce que chacun des hommes peut vivre sur cette terre, pour que dans ce nouveau monde auquel je veux contribuer, il n'existe ni injustice ni oppression, mais seulement un monde où chacun aura droit à sa part de bonheur et de richesse.

Seigneur Nelchael, donne-moi le courage de mes sentiments et de mes pensées pour que je lutte pour des lendemains humains pleins d'espérance.

Nelchael, je te le dis, viens à ma rencontre pour répondre à mes interrogations et m'aider à atteindre le bonheur.

22

YÉIAYEL

DU 7 AU 12 JUILLET

Seigneur Yéiayel, je veux que ton savoir et tes connaissances remplissent mes espaces intérieurs pour y créer une mer calme et apaisante, génératrice de force spirituelle. Je veux que tu me gardes à l'abri des tempêtes passionnelles et que tu me permettes d'accéder à cet univers d'harmonie qui est celui promis à tous les êtres humains remplis de bonne volonté.

Seigneur Yéiayel, inspire-moi dans mes paroles et mes gestes afin que je sache éviter de blesser mes semblables et que, au contraire, je me présente à eux le cœur ouvert et la main tendue et que je sois ainsi pour eux une source de réconfort. Je sais que, ce faisant, je trouverai moi aussi à mes côtés quelqu'un qui m'ouvrira son cœur et me tendra la main. Yéiayel, je te le dis, viens à ma rencontre pour répondre à mes interrogations et m'aider à atteindre le bonheur.

23
MELAHEL
DU 12 AU 18 JUILLET

Seigneur Melahel, purifie mes sentiments, écarte de moi tout ce qui ne s'accorde pas avec les desseins que tu me réserves. Fais que mon cœur et mon esprit ne désirent que ce que toi, Seigneur, tu désires depuis ton éternité. Indique-moi la voie à suivre; montre-moi les gestes à faire, les paroles à prononcer, pour que je puisse ainsi contribuer, dans la mesure de l'être que je suis, à la création de ce monde en devenir.

Seigneur Melahel, fais en sorte que me soient donné le courage et la force qui me seront nécessaires pour contribuer à ton œuvre qui sera aussi celle de tous les humains. Tu sais des choses que nous ignorons, aussi inspire-nous pour que nous empruntions la bonne direction.

Melahel, je te le dis, viens à ma rencontre pour répondre à mes interrogations et m'aider à atteindre le bonheur.

24
HAHEUIAH
DU 18 AU 23 JUILLET

Seigneur Haheuiah, ne permets pas que les vertus que tu as emmagasinées dans mon âme deviennent des obstacles à mon évolution. Fais que je comprenne que, pour me rapprocher de ta lumière, je doive accepter de ne plus être ce que j'étais hier.

Seigneur Haheuiah, aide-moi pour que ma raison ne s'assombrisse pas au moment de l'épreuve et que j'aie le courage d'aller de l'avant, même si, en raison de cette transformation qui s'annonce, j'ai à connaître la souffrance. Grâce à toi, la force dynamique, portée par le temps, purifiera tous les recoins de mon âme, pour me transformer en cet être que je dois devenir.

Haheuiah, je te le dis, viens à ma rencontre pour répondre à mes interrogations et m'aider à atteindre le bonheur.

25
NITH-HAIAH
DU 23 AU 28 JUILLET

Seigneur Nith-Haiah, aide-moi à répandre sur mes frères les bontés que j'ai reçues de toi. Grâce aux énergies que tu m'insuffles, je saurai me mettre au travail pour les autres, et faire qu'à travers moi ils puissent recevoir ta force.

Seigneur Nith-Haiah, aide-moi à devenir juste et modéré, à utiliser avec sobriété les biens dont je dispose; fais que mon âme penche vers le partage et le cadeau généreux et fais que je sois aussi à la hauteur pour défendre les plus faibles.

Seigneur Nith-Haiah, je veux être un porteur de ta grâce, un distributeur de tes biens, un exécuteur de tes œuvres d'amour. En tout moment et en tout lieu, fais de moi un être sensible à la peine de ses frères.

Nith-Haiah, je te le dis, viens à ma rencontre pour répondre à mes interrogations et m'aider à atteindre le bonheur.

HAAAIAH
DU 28 JUILLET AU 2 AOÛT

Seigneur Haaaiah, aide-moi à effacer mon passé de ma mémoire; fais que l'oubli tombe sur ce que je fus et que, déjà, je ne veux plus être. De cette façon, la nostalgie cessera de me blesser, de même que la saveur des confortables habitudes qui, pendant des temps et des temps, m'ont maintenu captif de l'univers matériel. Je veux me diriger vers ta lumière; je veux découvrir l'univers d'où émane l'essence fondamentale de ce que je suis; je veux pouvoir entendre et écouter la musique des sphères.

Seigneur Haaaiah, je sais aujourd'hui que je suis un être de chair et d'os, mais je sais aussi qu'au-delà de ce corps matériel que j'habite, je suis animé d'une vie spirituelle qui me permet de me ressourcer sans cesse et de redécouvrir la finalité de mon être.

Haaaiah, je te le dis, viens à ma rencontre pour répondre à mes interrogations et m'aider à atteindre le bonheur.

27
YÉRATHEL
DU 2 AU 7 AOÛT

Seigneur Yérathel, purifie les canaux de mon corps pour que tes sublimes énergies puissent y circuler sans rencontrer aucun obstacle. Fais que je puisse vivre à mon niveau le plus élevé pour pouvoir, autour de moi, créer la divine harmonie que tu m'inspires.

Seigneur Yérathel, je te demande cependant de ne jamais permettre que mon talent prenne le pas sur ma morale, afin qu'ainsi, à tout moment, je puisse servir d'exemple. Rends-moi fidèle au monde d'en haut pour que tous mes gestes et tous mes maux soient le reflet fidèle de la vie dans l'univers et qu'ils forment, comme dans l'univers, un tout harmonieux. C'est ainsi que je vivrai sereinement et paisiblement.

Yérathel, je te le dis, viens à ma rencontre pour répondre à mes interrogations et m'aider à atteindre le bonheur.

28
SÉHÉIAH
DU 7 AU 13 AOÛT

Seigneur Séhéiah, donne-moi l'acuité et la conscience pour que je puisse apporter clarté là où la confusion règne, que je puisse apporter méthode là où tout est encore chaos; pour que je sois celui qui, grâce à tes pouvoirs, puisse prodiguer des conseils désintéressés et des jugements constructifs. Fais que cette voix qui émane des profondeurs de mon être m'indique le chemin à suivre, ce chemin où tu m'aidera à conserver mon intelligence propre, droite, sans déviation, face à la pression de l'intérêt matériel.

Seigneur Séhéiah, fais en sorte que toute compromission entre la raison et les instincts soit impossible; fais aussi que ta pénétration brillante ne me conduise pas à l'erreur de croire que la lumière vient de moi, et non pas de toi.

Séhéiah, je te le dis, viens à ma rencontre pour répondre à mes interrogations et m'aider à atteindre le bonheur.

REIYEL

DU 13 AU 18 AOÛT

Seigneur Reiyel, donne-moi le dynamisme et l'entrain nécessaires aux gestes que tu me souffles de faire. Je ne suis qu'un instrument, le tien. Intéresse-toi à moi, suis mes pas et, si je me trompe, si ma lumière intérieure ne me permet pas de comprendre ton dessein, et que je dévie de ma route, corrige mon parcours. Garde-moi en synergie avec tes énergies et avec la mémoire du monde; ne me débranche pas, même si je deviens incompréhensible, quand les passions humaines animent mon cœur.

Seigneur Reiyel, si je retrouve ta main en me réveillant de mes errements d'être humain, si je sais que tu es en train d'œuvrer par mon intermédiaire, je comprendrai que tu m'as pardonné mes erreurs et que tu es prêt à m'indiquer ma nouvelle voie. Tu es un être de pardon et, pour cela, j'essaierai de rendre le monde que tu m'a donné plus sensible à ton message divin.

Reiyel, je te le dis, viens à ma rencontre pour répondre à mes interrogations et m'aider à atteindre le bonheur.

30

OMAEL

DU 18 AU 23 AOÛT

Seigneur Omael, je sais que je suis un être humain, mais je sais aussi que je suis d'essence divine. Si, grâce aux actes méritoires de mon passé, tu fais descendre de l'or pour moi, insuffle-moi également les forces morales qui me permettront de ne pas vivre pour et par les biens matériels uniquement.

Seigneur Omael, je te prie de me donner un niveau de sagesse qui me permette d'utiliser cet or pour que la vie sur cette terre devienne de plus en plus facile, non seulement pour l'être que je suis, mais aussi pour tous mes semblables. Donne-moi le goût et l'élan de servir, donne-moi le désir de donner, donne-moi la volonté ferme et décidée d'être celui qui transmet. Fais-moi toujours garder cette conscience que je ne suis que l'administrateur de ces biens, qu'un simple agent entre ta bonté et les besoins des hommes.

Omael, je te le dis, viens à ma rencontre pour répondre à mes interrogations et m'aider à atteindre le bonheur.

31
LÉCABEL
DU 23 AU 28 AOÛT

Seigneur Lécabel, fais que ma nature émotive s'intègre harmonieusement à la complexité de l'univers. Ne laisse pas s'ancrer dans le moindre recoin de mon être rien qui appartienne à mon passé. Car l'être que j'ai été, je ne le suis plus; et celui que je suis, je ne le suis plus; et celui que je suis, je ne serai plus demain. Je suis un être en constante évolution et dans cette évolution, c'est toi qui m'indique la route à suivre.

Seigneur Lécabel, permets que mon cœur comprenne les raisons de ma tête, de façon que jamais je ne lève la main ni contre les êtres ni contre les choses. Que je sois paix et harmonie dans mes gestes et mes paroles. Que seules la sérénité et la quiétude m'habitent pour toujours. Ainsi, avec un juste équilibre atteint, je pourrai être le parfait intermédiaire entre les Seigneurs du Ciel, desquels tu es, et les hommes de la terre.

Lécabel, je te le dis, viens à ma rencontre pour répondre à mes interrogations et m'aider à atteindre le bonheur.

VASARIAH

DU 28 AOÛT AU 2 SEPTEMBRE

Seigneur Vasariah, exacerbe ma foi pour que je puisse contempler, depuis l'endroit où je suis, les vérités des mondes dans lesquels la raison ne peut pas encore pénétrer. Fais que ma parole puisse apporter aux autres le goût des découvertes dans un monde où l'aspect matériel n'a qu'une importance relative; fais que ma parole porte les autres à découvrir tout le magique qui se dissimule dans la spiritualité endormie au plus profond de chacun de nous.

Seigneur Vasariah, procure-moi la solitude nécessaire à ma soif de méditation. Ensuite, lorsque mon âme regorgera de ta science sacrée, fais que j'approche des gens qui ont besoin de ton aide et que je sache alors leur transmettre le goût de te découvrir.

Vasariah, je te le dis, viens à ma rencontre pour répondre à mes interrogations et m'aider à atteindre le bonheur.

33

YÉHUIAH

DU 2 AU 8 SEPTEMBRE

Seigneur Yéhuiah, fais que mon intelligence ne fasse pas du besoin matériel un moyen et une finalité de mon existence. Fais que je prenne conscience que mon intellect est indissociable de sa source, jaillissante d'éternelle lumière; fais que je sache discerner ce qui est primordial, caché et déguisé dans les formes passagères. Fais que le message que je dois laisser à mes semblables soit une voie vers l'unité, de sorte que, par mon travail patient, les êtres humains puissent apercevoir des lumières d'autres dimensions, comme celles que je perçois aujourd'hui.

Seigneur Yéhuiah, évite que je m'enlise dans mes petites certitudes; évite que je m'enferme dans des dogmes scientifiques. Donne-moi l'audace de pousser mon intelligence toujours au-delà; la hardiesse de ne m'identifier à aucune vérité passagère; la sagesse de ne pas confondre ma lumière avec ta lumière.

Yéhuiah, je te le dis, viens à ma rencontre pour répondre à mes interrogations et m'aider à atteindre le bonheur.

34
LÉHAHIAH
DU 8 AU 13 SEPTEMBRE

Seigneur Léhahiah, donne-moi la force physique nécessaire pour transporter sur mes épaules – sans en être accablé – ta vérité éternelle de ci de là, en doux pèlerinage, de par tout l'univers; que ma force physique soit également à l'image de ta force morale, et que ainsi, je puisse être une pièce utile dans la réalisation de tes desseins.

Seigneur Léhahiah, je veux être le forgeron, le charpentier, le maçon, celui qui élabore les petites choses mais qui sait aussi qu'elles contribuent à de grandes œuvres. Ce faisant, je sais que je permettrai à la vérité de trouver sa place dans les demeures des hommes.

Léhahiah, je te le dis, viens à ma rencontre pour répondre à mes interrogations et m'aider à atteindre le bonheur.

CHAJAKHIAH

DU 13 AU 18 SEPTEMBRE

Seigneur Chajakhiah, fais que le courant de ta pensée circule dans mon cerveau et le régénère; fais que les battements de ton cœur soient à l'unisson de ceux de mon cœur, que mon geste soit ton geste, que ma parole soit ta parole. Fais qu'en moi le masculin et le féminin occupent leurs places respectives et ne permets pas que l'imagination exaltée me porte à ambitionner d'autres luxes que celui de comprendre la merveilleuse machine du monde que le Tout-Puissant a créée.

Seigneur Chajakhiah, fais que peu importe l'endroit où je me trouve, je puisse non seulement t'exalter et te célébrer, mais aussi garder une communication permanente avec toi.

Chajakhiah, je te le dis, viens à ma rencontre pour répondre à mes interrogations et m'aider à atteindre le bonheur.

36

MÉNADEL

DU 18 AU 23 SEPTEMBRE

Seigneur Ménadel, je te demande que, par moi, tu manifestes ta miséricorde et ton grand cœur afin que je sache donner l'exemple dans le pardon. Avec d'autres, je saurai ainsi mettre en branle un processus irréversible qui contribuera à établir un nouveau climat d'harmonie et de paix entre les hommes de bonne volonté. Certes, je ne suis qu'un grain de sable et mon exemple n'aura d'effet que dans un entourage restreint, mais il n'en demeure pas moins qu'un jour nous serons des centaines, des milliers, des millions à partager ce même désir d'harmonie. Alors, l'harmonie sera.

Seigneur Ménadel, de ce point d'évolution où tu m'as placé, sache donc mettre à profit tous mes ressorts humains pour que l'œuvre de la création se poursuive avec force et vigueur.

Ménadel, je te le dis, viens à ma rencontre pour répondre à mes interrogations et m'aider à atteindre le bonheur.

37
ANIEL
DU 23 AU 28 SEPTEMBRE

Seigneur Aniel. Impose-moi cette conscience de l'unité de ton règne et la vision de ce que sera la vie lorsque les voix des instincts sauvages se tairont et trouvent enfin un silence ordonné. Fais aussi, et surtout, que cette connaissance intérieure puisse être exprimée dans mon comportement. Fais que ton idée devienne chez moi muscle et sang, de façon que mes gestes parlent mieux et plus fort que mes mots.

Et dans ce voyage vers notre avenir prometteur, garde-moi de ce danger de ce naufrage qui guette toujours l'homme si son âme se détache de l'éternel pour adorer sa personnalité passagère et mortelle.

Seigneur Aniel, lorsqu'un miroir me renvoit mon image, fais que mes yeux te découvrent dans cette image.

Aniel, je te le dis, viens à ma rencontre pour répondre à mes interrogations et m'aider à atteindre le bonheur.

HAAMIAH

DU 28 SEPTEMBRE AU 3 OCTOBRE

Seigneur Haamiah, aide-moi à extérioriser les valeurs spirituelles que Dieu m'a conférées. Fais que je sache discerner le vrai du faux et permets que dans mon travail quotidien je puisse rendre témoignage de la vérité et de la sagesse. Rends-moi fort dans l'adversité, et ne permets pas que mes lèvres prononcent des paroles faussées pour échapper à des situations embarrassantes. Seigneur Haamiah, prends-moi par la main, pour me conduire jusqu'au trône de Dieu; libère-moi des servitudes matérielles, pour que je puisse trouver dans la méditation, l'espace dont j'ai besoin pour réaliser le destin que Dieu m'a réservé; accrois mon amour envers lui et fais que mes actions lui soient agréables.

Seigneur Haamiah, instruis-moi sans cesse; déverse sur moi ta connaissance et ton savoir, car je veux être un instrument efficace de cette création permanente qu'est notre monde.

Haamiah, je te le dis, viens à ma rencontre pour répondre à mes interrogations et m'aider à atteindre le bonheur.

39

RÉHAEL

DU 3 AU 8 OCTOBRE

Seigneur Réhael, fais qu'en moi ta lumière soit solide et ferme comme une pierre; fais que mes ambitions soient vastes, non pas pour projeter chez mes semblables l'image de ma personnalité, mais pour refléter en eux tes pouvoirs divins. Donne-moi solitude et apaisement pour que je puisse bien m'imprégner de ton essence, de façon que ma vue arrive jusqu'à voir ce qui est normalement caché aux regards profanes.

Seigneur Réhael, surtout, aide-moi contre la tentation d'utiliser les dons que tu me donnes pour encourager ma vanité, ou pour nuire à mon prochain. Je veux être un instrument de bonté placé entre tes mains – et toujours être conscient de n'être rien de plus que ton instrument.

Réhael, je te le dis, viens à ma rencontre pour répondre à mes interrogations et m'aider à atteindre le bonheur.

40

IÉIAZEL

DU 8 AU 13 OCTOBRE

Seigneur Iéiazel, permets-moi de reconnaître ceux qui furent jadis mes frères, ceux qui furent mes ennemis, mes adversaires, ceux que j'ai aimés, ceux que j'ai haïs: pour que nous puissions tous ensemble créer un espoir nouveau. Place-moi au cœur du conflit, dans l'œil de l'ouragan, si je sais que tu m'accompagnes, ton Amour qui s'épanche dans mon imagination, saura surmonter les tempêtes et les affrontements.

Seigneur Iéiazel, fais de moi un homme fidèle: fidèle envers ceux d'en haut; fidèle envers ceux d'en bas. Fais aussi que je sois l'homme du juste équilibre dans les positions qui t'affrontent, ne me permets pas de céder à la tentation d'être du côté des uns ou du côté des autres.

Seigneur Iéiazel, fais de moi un porteur d'espoir.

Iéiazel, je te le dis, viens à ma rencontre pour répondre à mes interrogations et m'aider à atteindre le bonheur.

HAHAHEL

DU 13 AU 18 OCTOBRE

Seigneur Hahahel, fais que mes lèvres expriment ce qui est digne; fais que mes mots soient, pour ceux qui m'écoutent, un témoignage de ton existence et de la profondeur de tes desseins. Fais également que tous ceux qui ont recours à moi trouvent, grâce à l'énergie que tu me transmets, soutien et réconfort.

Seigneur Hahahel, fais qu'avec mes mots et mes actions, je puisse montrer aux autres ces perspectives que l'on ne voit pas avec les yeux, cette vie spirituelle qui, lorsqu'elle nous anime, nous permet de concrétiser nos moindres rêves.

Oui, Seigneur Hahahel, fais de moi un instrument qui servira à montrer aux autres que nous sommes l'être que nous voulons être, que nous obtenons ce que nous voulons obtenir, à la condition de garder les canaux spirituels ouverts.

Hahahel, je te le dis, viens à ma rencontre pour répondre à mes interrogations et m'aider à atteindre le bonheur.

MIKHAEL

DU 18 AU 23 OCTOBRE

Seigneur Mikhael, aide-moi à trouver ma place dans le cosmos et permets-moi d'utiliser les vertus acquises tout au long de mes vies pour, avec elles, illuminer la partie obscure de mon univers. Permets que je sois comme une rivière de feu dans laquelle peuvent se purifier tous ceux qui se rapprochent d'elle. Permets-moi d'être celui qui distribue la flamme à ceux qui n'ont pas reçu en son temps leur part d'éternité. Seigneur

Mikhael, fais en sorte que l'intelligence active qui m'habite soit le reflet du savoir divin et que dans mon âme la soif d'agir et d'apprendre ne s'éteigne jamais.

Et quand mon esprit se détachera, porté par cet empressement de toujours aller au-delà de lui-même, fais en sorte que je poursuive mon périple jusqu'à rencontrer le Tout-Puissant.

Mikhael, je te le dis, viens à ma rencontre pour répondre à mes interrogations et m'aider à atteindre le bonheur.

43

VEULIAH

DU 23 AU 28 OCTOBRE

Seigneur Veuliah, donne-moi la juste mesure de tes dons et de tes qualités, pour qu'ainsi ma raison ne soit pas le seul juge de tous mes actes, ni mon imagination prétende être le seul guide de ma vie. Je sais que c'est toi qui me guides car, toi mieux que moi connais le véritable destin qui m'est réservé. Fais que mes désirs acceptent les commandements de ton esprit et que la fidélité règne parmi les différentes tendances, enfermées dans mon être.

Seigneur Veuliah, tu m'as donné la facilité pour apprendre et pour convaincre, et je veux que tu m'éloignes de tout ce qui est insignifiant, petit, dérisoire ou futile. Éveille mon intérêt pour ce qui est éternel, pour que de ma bouche ne puissent pas sortir des propos sans importance, des mots pour des mots. Ainsi, Seigneur Veuliah, je pourrai être l'émissaire de la vérité à laquelle tu as accès.

Veuliah, je te le dis, viens à ma rencontre pour répondre à mes interrogations et m'aider à atteindre le bonheur.

44
YÉLAHIAH

Seigneur Yélahiah, qui possède la force qui peut transformer l'obscurité en pure lumière, aide-moi à sortir de la pénombre dans laquelle je vis. Libère-moi de mes attaches matérielles et aide-moi à découvrir les forces qui sommeillent dans mon âme afin que cela puisse me permette de vaincre les écueils que je rencontre et que je rencontrerai sur mon chemin.

Seigneur Yélahiah, demande à Dieu qu'il se montre bienveillant envers ce serviteur que je suis pour lui, et qu'il m'aide à guérir mes maux et soulager mes souffrances. Aide-moi à être aimable et gentil, éveille mon intuition pour comprendre les messages que tu m'envoies dans mes rêves, et permets que je puisse me débarrasser de mes mauvaises habitudes autant physiques que morales.

Yélahiah, je te le dis, viens à ma rencontre pour répondre à mes interrogations et m'aider à atteindre le bonheur.

45
SÉALIAH

Seigneur Séaliah, donne-moi de bonnes causes à servir; présente-moi des Seigneurs dont les horizons sont vastes, à qui je puisse apporter ma fidèle efficacité. Oriente-moi vers des situations dans lesquelles puissent briller les qualités que tu m'as insufflées et, s'il m'appartient de travailler pour des seigneurs bas et mesquins, donne-moi le jugement et l'ambition d'agir avec justesse et justice.

Seigneur Séaliah, fais qu'avec ma voix et mon geste je puisse calmer les esprits coléreux; fais que je sois un exemple de générosité et de dévouement; fais que mon cœur et mon esprit vivent en parfaite harmonie, ainsi que mes pensées et mes actes, et que je puisse transmettre à mes semblables cette paix que tu as mise dans mon âme.

Séaliah, je te le dis, viens à ma rencontre pour répondre à mes interrogations et m'aider à atteindre le bonheur.

46
ARIEL
DU 7 AU 12 NOVEMBRE

Seigneur Ariel, permets-moi d'être sur terre le dépositaire de ta Lumière et, si des pouvoirs me sont concédés pour arbitrer des conflits entre mes semblables, aide-moi pour que je puisse apporter des solutions dans une perspective humaine élevée, en pensant au bien des gens, et en harmonie avec l'ensemble de l'univers.

Seigneur Ariel, garde en moi l'inquiétude pour ce qui est transcendant, afin que cette lumière que j'ai emmagasinée fasse de moi ton ambassadeur qui apporte l'équilibre à ceux qui vivent en harmonie avec l'enseignement universel, mais à ceux aussi qui ont perdu le chemin et qui, trop souvent, errent entre le bien et le mal.

Ariel, donne-moi la chance d'être l'homme juste et, je te le dis, viens à ma rencontre pour répondre à mes interrogations et m'aider à atteindre le bonheur.

ASALIAH

Seigneur Asaliah, par toi je veux m'adresser à Dieu qui rend éternelles les situations et qui procure les plaisirs à ceux qui vivent dans la paix. Je lui demande de m'aider à faire sortir de mon for intérieur tout ce qui, d'une façon ou d'une autre, pourra être utile au renouveau de la vie.

Seigneur Asaliah, de mon passé fais toutefois seulement sortir ce qui parle de l'éternel amour, seulement ce qui est raisonnable et juste, et que soit enterrée en moi la complaisance pour ce qui est éphémère, pour ce qui s'écroule sous le poids des conventions. Permets-moi de vaincre mon orgueil, d'oublier mes vains désirs, et de repousser loin de moi la jalousie.

Seigneur Asaliah, je veux ainsi par mon vécu, être un exemple des vertus qui émanent de toi.

Asaliah, je te le dis, viens à ma rencontre pour répondre à mes interrogations et m'aider à atteindre le bonheur.

MIHAEL

Seigneur Mihael, réveille-moi du rêve de la raison pour me permettre d'accéder à des aspirations pures, atteignables même si elles paraissent si éloignées. Fais que je puisse offrir à cette société qui m'entoure une vision équilibrée de ton royaume. Seigneur Mihael, donne-moi la force de me libérer de mes ennemis intérieurs et extérieurs et de me dégager de tout ce qui me retient prisonnier dans les niveaux inférieurs de tes mondes, afin que, par le canal de mon âme puisse circuler, courir et se répandre ma vie spirituelle.

Seigneur Mihael, fais également que je reste encore plus proche de mes semblables pour qu'ils ne voient pas en moi un être étrange mais un être comme eux, mais qu'ils pourront écouter en pleine confiance, car je saurai alors leur parler des Seigneurs auxquels tu appartiens.

Mihael, je te le dis, viens à ma rencontre pour répondre à mes interrogations et m'aider à atteindre le bonheur.

49
VÉHUEL
DU 22 AU 27 NOVEMBRE

Seigneur Véhuel, inspire mon esprit pour que je puisse tirer des conclusions générales à partir d'observations particulières, pour que tout en moi puisse se reconstruire selon l'ordre naturel et apporter aux autres l'image de ta divine harmonie; pour qu'ils découvrent que c'est dans cette harmonie que réside le rythme parfait qui anime toutes choses.

Seigneur Véhuel, donne-moi le pouvoir de devenir celui qui, par toi, saura trouver une signification profonde et universelle aux choses, aux faits, aux situations, à tout ce qui est. Que je médite et partage ensuite ces découvertes.

Sache que tu as mis une bien lourde tâche sur mes frêles épaules, mais si tu m'indiques les repères pour le chemin à suivre, je le suivrai et ferai ce que tu me souffles à l'esprit.

Véhuel, viens à ma rencontre pour répondre à mes interrogations et m'aider à atteindre le bonheur.

DANIEL

DU 27 NOVEMBRE AU 2 DÉCEMBRE

Seigneur Daniel, fais que mon projet vers le futur ne soit pas un pur jeu, un vain rêve; permets qu'en jetant les filets de ma fantaisie dans ton monde constellé, je puisse revenir vers mes semblables, les hommes, avec une pêche abondante de vérités qui existent en nous et que l'on a parfois peine à trouver à cause justement de leur évidence.

Seigneur Daniel, fais circuler dans mes veines le souffle de l'éternité; fais que mon intelligence conçoive le palais de l'esprit et qu'avec les pierres de mon passé, avec mes mains, avec des milliers de mes semblables, je puisse contribuer à construire un monde nouveau.

Daniel, viens à ma rencontre pour répondre à mes interrogations et m'aider à atteindre le bonheur.

HAHASIAH

DU 2 AU 7 DÉCEMBRE

Seigneur Hahasiah, fais que dans mon for intérieur resplendisse la lumière pour que mes sentiments s'accommodent des exigences de ce monde en devenir. Fais que mon amour se complaise en tout ce qui est noble et élevé. Fais que mon énergie intérieure se projette vers des objectifs élevés. Fais que mes sentiments puissent s'intégrer harmonieusement au monde de l'esprit et qu'ils soient les heureux inspirateurs de ma raison et qu'ainsi, sentiments et raison deviennent générateurs de conscience.

Seigneur Hahasiah, si tu m'as désigné pour être un de tes émissaires sur terre, un de tes messagers, je te prie de me donner le courage et la force de vaincre les périls et surmonter les embûches qui ne manqueront pas de se dresser sur mon chemin.

Hahasiah, viens à ma rencontre pour répondre à mes interrogations et m'aider à atteindre le bonheur.

52
IMAMIAH
DU 7 AU 12 DÉCEMBRE

Seigneur Imamiah, fais que mes passions soient celles de t'aimer et de te bénir, et d'aimer mes semblables et d'agir de façon à les faire bénéficier des dons que tu m'as donnés. Ne t'éloigne pas de moi, aime-moi, afin que tous ceux qui s'approchent de moi à la recherche d'un ami, puissent te trouver, toi, à travers moi. Ainsi, j'aurai la force et l'énergie pour communiquer un réconfort paisible et calmant, et heureux.

Seigneur Imamiah, sache aussi, surtout, que mon souhait le plus ardent est que ma quête, même dans mes propres entrailles, n'ait d'autre but que celui de te trouver, toi, en moi. Je sais en toute âme et conscience, que tu es mon passé, mon présent et mon avenir. La seule chose qui pourrait me faire souffrir, est la perte de ton amour.

Imamiah, je te le dis, viens à ma rencontre pour répondre à mes interrogations et m'aider à atteindre le bonheur.

NANAEL

DU 12 AU 17 DÉCEMBRE

Seigneur Nanael, fais qu'en moi les qualités et les dons que tu me transmets fermentent, fais que je sois le porte-drapeau, le premier, un de ceux qui, par ta grâce, conduire les hommes au-delà de la réalité matérielle que nous connaissons. Fais bouillir en moi cette formidable énergie avec laquelle je pourrai découvrir les mystères secrets de mon âme.

Seigneur Nanael, libère-moi de la turbulence et de la colère, transmets-moi ta sagacité, ta subtilité, ainsi – et ainsi seulement – je sais qu'arrivera jusqu'à mes oreilles ta voix divine qui me dira quel est mon destin.

Nanael, je te le dis, viens à ma rencontre pour répondre à mes interrogations et m'aider à atteindre le bonheur.

NITHAEL

DU 17 AU 22 DÉCEMBRE

Seigneur Nithael, permets que le contenu de mon inconscient s'intègre harmonieusement à ma pensée consciente. Fais que les situations complexes de mon passé perdent leur opacité et deviennent limpides et transparentes, pour qu'aune souffrance ancienne ne perturbe mes rêves, ni n'amène la tristesse à mon esprit. Seigneur Nithael, inspire-moi pour que tous ceux qui vivent une situation semblable à celle qui est la mienne puissent trouver dans mes mots et mes actions des repères qui leur permettront de sortir du labyrinthe de leurs émotions. Oui, fais de moi un interprète, pour tous ceux qui parlent cette même langue d'humain qu'est celle des véritables sentiments.

Nithael, je te le dis, viens à ma rencontre pour répondre à mes interrogations et m'aider à atteindre le bonheur.

55
MÉBAHIAH
DU 22 AU 27 DÉCEMBRE

Seigneur Mébahiah, aide-moi pour les vertus ne sortent pas de moi sans discernement, mais qu'elles sortent de ma sphère lumineuse au moment où elles seront les plus profitables pour l'édification de notre nouveau monde.

Seigneur Mébahiah, fais que par moi puissent trouver leur plénitude ceux qui sont poussés par un souhait ardent de servir, et fais aussi que, grâce à mon action, combinée à celle de mes semblables, nous puissions être en mesure d'agir à l'unisson avec le battement cosmique afin que tout puisse trouver, à travers nous, son orbite parfaite, sa parfaite ligne d'univers.

Nous sommes d'essence divine et, aujourd'hui, nous le prouvons.

Mébahiah, je te le dis, viens à ma rencontre pour répondre à mes interrogations et m'aider à atteindre le bonheur.

POYEL

Seigneur Poyel, avec ton aide je suis en train de m'éloigner de la zone sombre créée par le doute et l'hésitation; j'abandonne les châteaux de matière et j'avance dans tes terres promises qui sont une vie spirituelle, riche et prometteuse. Dans un lointain passé, à ta guise tu m'as guidé, et je t'ai obéi et suivi, et après c'est moi qui ai voulu structurer le monde, en accord avec ton enseignement.

Seigneur Poyel, je veux à présent agir avec toi à l'unisson. Ta main dans ma main, ton souffle dans mon élan; et je veux que nous laissions des marques et des empreintes pour que tous ceux qui viendront derrière moi puissent trouver un chemin déjà tout tracé, et découvrir les gestes et les mots dont ils ont besoin pour faire œuvre de création.

Poyel, je te le dis, viens à ma rencontre pour répondre à mes interrogations et m'aider à atteindre le bonheur.

NÉMAMIAH

Seigneur Némamiah, toi qui dissimules ton visage dans l'engrenage des affaires humaines, si ton puissant doigt m'a désigné, moi, pour modeler ta glaise, protège-moi, surtout aide-moi, et ne permets pas que, dans ce jeu, je prenne plus d'importance que je n'en ai. Tu es le Maître, je suis le serviteur. Seigneur Némamiah, suis mes pas surtout si je dois vivre toute ma vie sans découvrir l'éternelle source de lumière; ne permets pas qu'une ambition excessive s'empare de moi; ne laisse pas tomber, comme une chape de plomb sur mes épaules, un trop lourd karma.

Quand je comprendrai, quand je saurai, quand ta face cachée me sera révélée, mon amour te sera à jamais accordé car tu m'auras transmis une partie importante de ton savoir et tes connaissances et que je saurai alors quel est mon destin.

Némamiah, je te le dis, viens à ma rencontre pour répondre à mes interrogations et m'aider à atteindre le bonheur.

58

YÉIALEL

DU 5 AU 10 JANVIER

Seigneur Yéialel, permets-moi de transmettre la vie, fais que tout fleurisse autour de moi, et dépose en mon sein la bonne graine, pour que tout ce qui germe en moi soit digne du regard du Tout-Puissant, dont je suis et serai toujours l'humble serviteur. Je veux que de mon obscurcissement naisse la lumière et que mon sacrifice se transforme en source de vie.

Seigneur Yéialel, je veux que tu déposes dans mes mains la baguette magique qui trouve les courants d'eau profonde pour que je puisse faire jaillir, dans la terre aride des humains, cette eau divine qui émane du feu créateur et qu'ainsi, tous et chacun découvrent en eux l'essence divine qui circule.

Yéialel, je te le dis, viens à ma rencontre pour répondre à mes interrogations et m'aider à atteindre le bonheur.

HARAHEL
DU 10 AU 15 JANVIER

Seigneur Harahel, je te rends grâce pour cette halte, en chemin, que tu m'offres. Permets-moi de partager avec mes semblables l'abondance de biens dont tu m'as entouré et inspire-moi pour que je mette mes paroles et mes gestes au bénéfice de ceux qui vivent une crise de l'âme – aide-moi à les aider à retrouver l'équilibre nécessaire. Seigneur Harahel, j'apprends à te connaître et je sais que tu me suis pas à pas pour m'aider à être bon et généreux auprès de mes semblables, désintéressé aussi puisque je sais que, le jour venu, le Tout-Puissant me récompensera. Sache aussi que cette ambition que tu me permets de nourrir est porteuse de solutions heureuses pour tous. Que l'amour que j'inspire soit l'amour que tu inspires, que la science qui sort de moi soit ta science, que l'art que j'exprime soit celui de l'essence divine que nous partageons.

Harahel, je te le dis, viens à ma rencontre pour répondre à mes interrogations et m'aider à atteindre le bonheur.

MITZRAEL
DU 15 AU 20 JANVIER

Seigneur Mitzrael, oriente mes aspirations vers ce qui est élevé, vers ce qui est noble, vers ce qui est digne de ta toute-puissance; permets-moi de faire monter vers tes hauteurs toutes les créatures qui s'approcheront de moi; laisse-moi leur faire sentir dans mon haleine et dans mon souffle le parfum et la saveur de ta transcendance. Oriente mes pas vers les montagnes et non pas vers les vallées; vers les sommets inaccessibles, au-delà des nuages, vers l'éther pur de la voûte céleste. C'est là que la vérité luit.

Seigneur Mitzrael, fais briller en moi les vertus non pas pour que je les porte en parure, que je flatte ma vanité, mais plutôt pour témoigner de ta présence bienfaitrice. Je suis ton instrument, j'attends ton signe pour emprunter la voie que tu m'indiqueras.

Mitzrael, je te le dis, viens à ma rencontre pour répondre à mes interrogations et m'aider à atteindre le bonheur.

61
UMABEL
DU 20 AU 25 JANVIER

Seigneur Umabel, donne-moi la force et le courage pour affronter mes responsabilités, et la lucidité pour faire les choses en temps voulu, sans précipitation, sans brûler les étapes mais sans trop tarder non plus. Je veux lutter pour un monde nouveau, je veux œuvrer pour la concrétisation de la terre promise mais je te demande de me garder, Seigneur, de la tentation d'y pénétrer par anticipation.

Seigneur Umabel, si je dois fixer les objectifs des batailles, que l'amour et la beauté soient les noms de ce que nous visons; aide-moi pour qu'il n'y ait pas d'autre dessein en moi que celui de construire sur cette terre ce qui existe déjà dans le Ciel.

Umabel, je te le dis, viens à ma rencontre pour répondre à mes interrogations et m'aider à atteindre le bonheur.

IAH-HEL

Seigneur Iah-Hel, accorde-moi le privilège de contribuer à l'élaboration sur cette terre de l'ordre qui est en vigueur au Ciel. Fais que mon intelligence comprenne la mesure divine, et guide-moi alors vers les circonstances qui me permettront de l'extérioriser. Que ta lumière m'éclaire pour que je puisse transmettre et communiquer ce qui est conforme à la règle divine, et protège-moi également de ma curiosité qui peut me conduire vers les choses profanes. Fais de moi un être curieux des secrets cosmiques. Seigneur

Iah-Hel, ne permets pas que je sois serviteur d'un Seigneur autre que toi, ni que j'arbore d'autres pouvoirs que ceux que tu acceptes de me déléguer directement en connaissant d'avance ce à quoi ils serviront.

Seigneur Iah-Hel, garde-moi dans ton obéissance et ne m'écarte pas de la sphère de ton amour.

Iah-Hel, je te le dis, viens à ma rencontre pour répondre à mes interrogations et m'aider à atteindre le bonheur.

ANAUEL

DU 30 JANVIER AU 4 FÉVRIER

Seigneur Anauel, toi qui as permis le mélange de mon souffle avec ton souffle afin que je sois en mesure de contempler, en moi, dans mon for intérieur, la beauté d'un amour sans frontières, fais que je sois pour mes semblables celui qui transmet ton harmonie divine, celui qui apporte la paix et le calme aux âmes troublées.

Seigneur Anauel, qu'il n'y ait pas de confusion entre cet amour – qui est loi de l'univers – et les passions humaines qui d'habitude agitent les cœurs. Qu'à tout moment et en tout lieu, je sache jouer le rôle d'un bon intermédiaire et non celui d'un promoteur solitaire.

Que ta parole se communique par ma voix et que mes mots soient les tiens.

Anauel, je te le dis, viens à ma rencontre pour répondre à mes interrogations et m'aider à atteindre le bonheur.

MÉHIEL

DU 4 AU 9 FÉVRIER

Seigneur Méhiel, c'est par mon intelligence, mon savoir et mes connaissances, que je veux exprimer mon univers. Je sais qu'il y a des stades que je n'ai pas pu encore atteindre, qu'il y a des sommets que non seulement je n'ai pas encore visités, mais aussi, que je n'arrive pas à comprendre, mais je sais toutefois avec certitude, qu'au-delà de mon monde, il existe un monde plus vaste dans lequel un jour nous pourrons tous pénétrer.

Seigneur Méhiel, je te demande simplement de me le faire entrevoir, pour que je devienne l'annonciateur de toutes tes merveilles à mes semblables qui se trouvent à des niveaux plus bas que le mien. J'ai atteint un point duquel je peux voir clairement, que tout est un, tout est unité, et que cela le restera à jamais: c'est l'ordre universel, éternel et immuable et pourtant, en constante évolution.

Méhiel, je te le dis, viens à ma rencontre pour répondre à mes interrogations et m'aider à atteindre le bonheur.

65

DAMABIAH

DU 9 AU 14 FÉVRIER

Seigneur Damabiah, je veux me mouvoir exactement dans les limites de tes desseins précis; je veux que mon incursion sur le plan matériel ne soit qu'un épisode, qu'un entracte, qu'une distraction, dans le grand opéra de mon existence. Et une fois assimilées les leçons que ta volonté a bien voulu m'assigner, je demande ton aide pour pouvoir retourner à la source même de la lumière, là où je sais d'où je viens et où tout resplendit toujours.

Seigneur Damabiah, j'ai été ton instrument, mais cela m'a aussi permis d'apprendre les leçons que je devais - et que je dois encore apprendre sans dépasser les limites de ce qui peut être concédé aux humains.

Je suis et serai toujours ton instrument car toi mieux que quiconque connais les grands desseins de l'univers.

Damabiah, je te le dis, viens à ma rencontre pour répondre à mes interrogations et m'aider à atteindre le bonheur.

MANAKEL

DU 14 AU 19 FÉVRIER

Seigneur Manakel, rends ma mémoire inconsciente de tous les éléments polluants; éloigne de mes rêves les images déprimantes, effrayantes ou monstrueuses et fais que mes projections imaginatives aient un sens et que grâce à elles, mes semblables, les humains, puissent entr'apercevoir un univers sans frontières, dans lequel le passé ancestral donne la main à un avenir prometteur.

Seigneur Manakel, fais que je trouve mon point d'équilibre entre ma réalité physique et ma réalité imaginative, pour que je puisse être le programmeur d'un monde situé, aujourd'hui, au-delà de l'humain mais qui nous est tout de même accessible par la spiritualité.

Manakel, je te le dis, viens à ma rencontre pour répondre à mes interrogations et m'aider à atteindre le bonheur.

EYAEL

DU 19 AU 24 FÉVRIER

Seigneur Eyael, je souhaite que par mon canal viennent au monde des âmes nobles et élevées; je voudrais être élu par toi pour transmettre la vie à des êtres supérieurs qui pourront témoigner de ton règne. Mais si la nécessité exige que de moi viennent des êtres difformes de corps ou d'âme, ouvre mon corps à l'amour pour qu'ils trouvent en moi les vertus dont ils ont besoin pour leur passage sur la terre. Toi seul connais les desseins mystérieux qui nous sont réservés et ce n'est pas à moi de les juger. Je ne peux que les accepter et les vivre du mieux que je le peux.

Oui, Seigneur Eyael, transmets-moi le don de puiser dans les sources même de la vie pour y trouver la force et le réconfort nécessaires aux épreuves que j'ai à traverser.

Eyael, je te le dis, viens à ma rencontre pour répondre à mes interrogations et m'aider à atteindre le bonheur.

68

HABUHIAH

DU 24 FÉVRIER AU 1ER MARS

Seigneur Habuhiah, permets-moi de contempler l'éternité dans les cristallisations physiques de ton essence; permets-moi de voir dans les objets matériels et dans tout ce qui a été institué, l'expression transitoire de ton avènement divin.

Seigneur Habuhiah, sache que je veux participer à l'élaboration de ce récit cosmique que tu es en train d'écrire avec les vagues de vies successives que tu propulses vers le monde et sur lesquelles je surnage présentement.

Ton inspiration, pour ce récit, est divine, car elle émane de la mémoire universelle de l'univers – une mémoire où le passé, le présent et l'avenir sont écrits d'une encre indélébile. Je suis de ce destin global, comme tous mes semblables.

Habuhiah, je te le dis, viens à ma rencontre pour répondre à mes interrogations et m'aider à atteindre le bonheur.

ROCHEL

DU 1ER AU 6 MARS

Seigneur Rochel, insuffle en moi la conscience et la force de réaliser combien les choses sont passagères. Ne permets pas que je m'identifie au succès ou à la gloire qui me vient de toi, ni que je considère comme miens les pouvoirs que tu m'as donnés. Et si je venais à trop privilégier mon orgueil, je te demande, Seigneur, de me retirer ces dons pour que je reste l'être que je dois être, l'humain qui doit constamment vibrer au contact de ses semblables. Seigneur Rochel, je veux être un simple acteur de la pièce que tu écris aujourd'hui et qui s'inscrit dans une œuvre combien plus importante, celle de la vie, celle de l'univers. Aide-moi seulement à conserver la soif de ce qui est essentiel.

Rochel, je te le dis, viens à ma rencontre pour répondre à mes interrogations et m'aider à atteindre le bonheur.

70

JABAMIAH

DU 6 AU 11 MARS

Seigneur Jabamiah, inspire mon âme pour que mon travail humain s'écoule dans les chemins de l'abstrait. Aide-moi à découvrir dans mes espaces intérieurs les grands espaces cosmiques, de façon à ce que mon rythme adopte celui de l'univers. Fais que mon intelligence puisse trouver la solution difficile que l'on attend à ce que je trouve. Mais fais aussi que je sois un être de sentiments et d'émotions. Surtout, quelle que soit la situation, éloigne de moi la tentation de m'enrichir avec l'exploitation de mes talents.

Seigneur Jabamiah, dans cette dernière étape d'un cercle d'évolution, donne-moi la sérénité nécessaire pour que je puisse assimiler les expériences cumulées dans mes vies antérieures et que je sois sensible à aucune autre beauté qu'à celle de la beauté qui émane du divin.

Jabamiah, je te le dis, viens à ma rencontre pour répondre à mes interrogations et m'aider à atteindre le bonheur.

71
HAIAIEL
DU 11 AU 16 MARS

Seigneur Haiaiel, tu m'as permis d'accéder au faisceau direct de ta lumière et je sais que c'est un honneur que je dois mériter pour chacun de mes gestes et chacune de mes paroles. Je te demande donc, aujourd'hui comme demain, de me mener sur le chemin du savoir et de la connaissance, là où je pourrai m'instruire sur tes Lois et prendre conscience de l'organisation du cosmos et, par le fait même, de l'organisation de notre condition humaine.

Seigneur Haiaiel, fais que les entreprises où je réussis soient toujours celles qui sont inspirées par ton dessein et, puisque ta volonté est en jeu, fais en sorte que je sois cet humain qui, par son comportement, allié à celui de milliers de ses semblables, permettra à notre monde actuel de faire bond vers l'avant, de progresser vers le mieux-être permanent.

Haiaiel, je te le dis, viens à ma rencontre pour répondre à mes interrogations et m'aider à atteindre le bonheur.

MUMIAH

DU 16 AU 21 MARS

Seigneur Mumiah, instruis-moi sur tes desseins occultes; ne fais pas de moi un instrument aveugle: fais, au contraire, que ma conscience se trouve illuminée de ta lumière. Ainsi, je serai mieux en mesure de contribuer, à ma façon, à l'édification de ce monde nouveau, d'amour et de paix qui est en devenir.

Seigneur Mumiah, tu es en contact permanent avec le Tout-Puissant; tu es en synergie avec les moindres mouvements du cosmos, tu sais plus que personne ne peut savoir, tu connais les desseins mystérieux qui nous attendent. Pourtant, je ne crains rien car je sais que je suis d'essence divine. Si je te prête l'oreille, tu ne pourras que me protéger de l'adversité.

Mumiah, je te le dis, viens à ma rencontre pour répondre à mes interrogations et m'aider à atteindre le bonheur.

AUTRES PRIÈRES POUR CONTACTER LES ÊTRES DE LUMIÈRE QUE SONT LES ANGES

HYMNE À L'AMOUR
(prière de saint François d'Assise)

Seigneur, fais de moi un instrument de ta paix.
Là, où est la haine, que je mette l'amour.
Là, où est l'offense, que je mette le pardon.
Là, où est la dispute, que je mette l'union.
Là, où est l'erreur, que je mette la vérité.
Là, où est le doute, que je mette la foi.
Là, où est le désespoir, que je mette l'espérance.
Là, où est la nuit, que je mette la lumière.
Là, où est la tristesse, que je mette la joie.

Fais, Seigneur, que je ne cherche pas tant
à être consolé qu'à consoler,
à être compris qu'à comprendre,
à être aimé qu'à aimer.
Parce que c'est en s'oubliant qu'on se trouve,
et c'est en mourant qu'on ressuscite à la vie éternelle.

Ô MON ANGE GARDIEN

Ô mon Ange gardien,
je te prie de m'apporter aide
et protection,
de me souffler ce que je dois savoir,
de m'inspirer ce que je dois être,
de me guider vers ta lumière
et celle du Tout-Puissant.

Ô mon Ange gardien,
je demande ta lumière
pour m'aider à me comprendre moi-même
et à comprendre le monde qui m'entoure,
mais sans jamais oublier
le grand dessein de l'univers.

Ô mon Ange gardien,
je sais que ce n'est
qu'à ce moment-là
que je pourrai être l'instrument
que Dieu a souhaité que je sois
pour être ce que je dois être
et surtout pour la réalisation
de son grand plan.

Ô mon Ange gardien,
toi qui m'accompagnes à chaque instant
et à chaque pas que je fais,
insuffle-moi ton énergie,
ta force et ta sagesse
et réconforte-moi sans cesse de ta présence.

MERCI
MON ANGE GARDIEN

Je m'accorde cet instant de prière pour communiquer avec
toi, mon Ange gardien.
Je m'accorde cet instant de prière pour te dire merci, à toi,
mon Ange gardien.

Merci pour ce que je suis,
merci pour tous ces gens que tu fais m'entourer,
merci pour ce que tu m'as donné jusqu'à ce jour,
merci pour tous ces sentiments merveilleux qui m'habitent,
merci pour cette étincelle divine
que tu insuffles à ma vie.

Je m'accorde cet instant de prière
pour communiquer avec toi, mon Ange gardien.
Je m'accorde cet instant de prière
pour te dire merci, à toi, mon Ange gardien.

Merci pour ce que je deviendrai, pour ce que je deviendrai
avec l'aide de ces gens que tu fais m'entourer,
pour ce que je deviendrai avec ce que tu me donneras,
pour ce que je deviendrai avec ces sentiments merveilleux
qui m'habitent, pour ce que je deviendrai avec cette
étincelle divine que tu insuffles à ma vie.

Merci, mon Ange gardien.
Et comme dans les Psaumes, je dirai :
«Le secours me vient du Seigneur, l'auteur des cieux et de la
terre. Qu'il ne laisse pas chanceler ton pied, que ton gardien
ne somnole pas! Non! Il ne somnole ni ne dort.»

TOUJOURS PRÉSENT

Toi, que je nomme mon Ange gardien,
je sais que tu es toujours là, toujours à mon écoute,
toujours disponible.

Il m'arrive de vouloir cheminer seul,
de t'oublier, de t'écarter de ma route,
de foncer, de m'éloigner de toi.

Oui, cela m'arrive...

Jusqu'à ce que les choses tournent mal,
que je me blesse, que je souffre.

Heureusement, je sais que tu es là à attendre que je te fasse
un signe. Et alors, tu accours à mon appel,
et tu m'accueilles à nouveau entre tes bras.

Toi, que je nomme mon Ange gardien,
je sais que tu es toujours là, toujours à mon écoute,
toujours disponible.

C'est à moi de te prier, c'est à moi de t'écouter,
c'est à moi de comprendre ce que tu me dis.
Oui, mon Ange gardien,
continue de me montrer la route que je dois suivre.

ANGE D'AMOUR ET DE MISÉRICORDE

Je te salue, toi, mon Ange gardien,
que le Seigneur a détaché de son service
pour te mettre au mien,
et me guider vers Sa lumière.

Je te salue, toi, mon Ange gardien,
et je te demande de m'aider à prodiguer,
à mes frères et sœurs, l'amour et les bontés
que j'ai reçus de toi et du Seigneur.

Je te salue, toi, mon Ange gardien,
et je t'assure que, grâce à la force
que tu m'insuffles, je saurai me mettre au service
des autres, et faire qu'à travers moi
ils puissent recevoir ton énergie.

Je te salue, toi, mon Ange gardien, et je te prie de faire de
moi un messager de ta bonté, un distributeur de tes grâces,
un exécuteur de tes œuvres d'amour.

Je te salue, toi, mon Ange gardien,
que le Seigneur a détaché de son service
pour te mettre au mien, et me guider vers Sa lumière
pour que, ensuite, à mon tour, je puisse indiquer la voie
à ceux qui la cherchent.

TON INSTRUMENT

«Ne sont-ils pas [les anges] des esprits
remplissant des fonctions des envoyés en service
pour le bien de ceux qui doivent recevoir,
en héritage, le Salut?»
(Hébreux 1,14)

Ô Ange gardien, instrument du Tout-Puissant,
aide-moi à être ton instrument pour que je contribue à la
naissance d'un monde rempli de bonheur
qui aura le bien-être de tous les hommes
et femmes comme seul objectif.

Ô Ange gardien, que mes actions et mes gestes,
d'aujourd'hui et de demain,
puissent servir à apporter le bonheur
à mes semblables, que ces actions et ces gestes
contribuent à l'avancement des causes justes
et profitent à tous les hommes de bonne volonté.

Ô Ange gardien,
garde-moi de l'envie et de la colère,
de la haine et de la violence, et fais, qu'à tout moment,
je sois capable de céder plutôt que de terrasser,
et que je ne sois jamais un frein
au grand projet du Tout-Puissant.

Ô Ange gardien, comme tu es toi-même l'instrument
du Seigneur, je veux moi aussi être ton instrument.

DIS-MOI

Toi, mon Ange gardien,
amour et sagesse, messager de Dieu
et instrument de Sa volonté
pour m'aider à trouver ma route,
aide-moi à prendre conscience
de mes erreurs afin que je n'aie pas à souffrir en vain.

Je veux que tu m'aides à réaliser tout ce qu'Il attend de moi,
sans que ma personnalité mortelle
ne soit un obstacle à l'accomplissement de mon devoir divin
et à l'atteinte de Sa lumière.

Toi, mon Ange gardien, amour et sagesse,
messager de Dieu et instrument de Sa volonté,
guide-moi pour que j'utilise les connaissances
que tu me transmets, et que je me serve avec intelligence
des biens que tu m'obtiens.

Protège-moi lorsque ma santé chancelle,
éclaire mon cœur et mon âme lorsque mon esprit faiblit,
donne-moi la force de suivre la route
qui est la mienne sans que je ploie devant les épreuves

Toi, mon Ange gardien, amour et sagesse, messager de Dieu
et instrument de Sa volonté,
fais que je devienne, à mon tour,
un messager de la Source divine.

MON ANGE

Je m'adresse à toi, mon Ange gardien, pour te dire
que tu me fais grandir.

Pendant un temps, comme beaucoup, il fallait que je voie
pour croire.

Aujourd'hui, tu m'as rendu capable,
de te faire confiance sans même te voir.

Oui, je m'adresse à toi, mon Ange gardien,
pour te dire que tu me fais évoluer.

Pendant un temps, je t'ai adressé des mots,
que les autres m'avaient soufflés,
pour te demander de m'accompagner.

Aujourd'hui,
quels que soient les mots que je t'adresse,
je sais que tu m'écoutes et que tu me réponds.

Oui, je m'adresse à toi, mon Ange gardien,
pour te dire merci d'être là, à mes côtés.

TIENS MA MAIN!

Toi, mon Ange gardien,
en qui j'ai entière confiance,
je te prie de me tenir la main
et de m'accompagner sur le chemin qui est le mien.

Je sais qu'il m'arrive parfois
de ne faire qu'à ma tête, de n'agir que comme bon me
semble, faisant fi de ce que tu me souffles
et de la direction que tu m'indiques.

Toi, mon Ange gardien,
je te prie de me tenir la main, car je compte sur toi
toujours et en tout.

Je veux que tu sois mon compagnon de voyage,
et qu'à mesure que mon chemin se déroule,
je te reconnaisse de mieux en mieux
pour que je puisse avancer plus sereinement.
Toi, mon Ange gardien,
je veux entendre tes paroles,
je veux voir ta lumière,
je veux sentir ta main serrer la mienne
et je veux être celui qui obéit.

Je veux que tu sois
mon support inconditionnel et mon ami fidèle.
Toi, mon Ange gardien,
tiens-moi la main, toujours.

JE T'ACCUEILLE

Viens, Ange gardien, installe ta demeure en moi.

Éclaire mon esprit et mon cœur de ta lumière.

Apprends-moi à dire et à faire le bien.

Enseigne-moi l'essence du message
du Tout-Puissant.

Donne-moi le réconfort lorsque je chancelle.

Rends-moi la force lorsque la fatigue
s'empare de moi.
Guéris en moi ce qui est blessé et écorché.

Enseigne-moi à donner sans compter.

Explique-moi
comment Le servir comme Il le mérite.

Ramène-moi
sur le bon chemin lorsque je le quitte.

Viens, Ange gardien, installe ta demeure en moi
et apprends-moi à me donner,
corps, cœur et âme, sans attendre
d'autre gratification que celle de savoir
que j'ai contribué à la propagation de Son nom.

JE T'OUVRE MON CŒUR ET MON ÂME

Toi, Ange gardien, que Dieu a mis à ma disposition,
fais que je comprenne, à chaque instant de ma vie,
ce que tu me souffles afin que je puisse
me mettre à Son service et à celui des autres.

Je t'ouvre mon cœur et mon âme
et je te demande de m'insuffler ta sagesse
pour me permettre d'atteindre mes objectifs moraux.

Le savoir et les forces
que j'ai acquis dans cette vie terrestre,
je les mets à ta disposition pour révéler, à tous ceux
qui n'en ont pas encore pris conscience,
que le même savoir et les mêmes forces les habitent.

Fais que je mette mes connaissances,
mon intelligence et mes moyens
au service d'une société fraternelle.
Fais que nous alimentions tous
les mêmes rêves et que nous visions tous le même but.

Ô, Ange gardien,
je t'ouvre mon cœur et mon âme,
pour que je puisse accomplir cette mission.

ANGE, MON GARDIEN

Ô, Ange qui es mon gardien,
je veux t'accueillir dans ma vie
et t'y faire une place confortable.

Ô, Ange qui es mon gardien,
viens chez moi, viens en moi,
montre-moi ta force et ta grandeur.

Ô, Ange qui es mon gardien,
donne-moi ton amour qui est le sien
et qui a plus de valeur que la vie elle-même.

Ô, Ange qui es mon gardien,
manifeste-toi à travers ma vie
lorsque tu sais que ton souffle m'est nécessaire.

Ô, Ange qui es mon gardien,
dis à mon cœur les mots de réconfort dont il a besoin.

Ô, Ange qui es mon gardien,
je te cherche sans cesse.
Et même si je sais que tu es là,
à me guider, à m'écouter,
tu sais aussi qu'il m'arrive de douter de ta présence.

Dans ces moments-là, serre-moi contre toi,
fais-moi ressentir ta présence
afin que le doute s'estompe et que je voie l'avenir
le cœur et l'âme sereins.

AIDE-MOI, MON ANGE

Ange gardien, que je prie et que j'invoque,
qui permets que je mélange mon souffle avec le tien
pour que je puisse contempler,
en moi, la beauté et la grandeur
de l'Amour du Tout-Puissant,
fais que je sois, pour mes semblables,
celui qui propage
Son harmonie divine, celui qui apporte la paix
et le calme aux âmes troublées,
et fais que Son message pénètre
en moi pour que pas une seule parcelle de
Son amour ne se perde.

Ange gardien,
que je prie et que j'invoque,
aide-moi, pour qu'avec la puissance
de cet Amour je sois son digne représentant
sur terre, fais que je sois,
pour mes semblables, celui qui diffuse Sa parole,
celui qui communique Son message d'espérance,
et fais que la foi continue de m'habiter
pour que pas une seule parcelle de Sa bonté ne disparaisse.

Ange gardien, que je prie et que j'invoque,
aide-moi à être fort, aide-moi à être honnête,
aide-moi à être bon, aide-moi à être celui
qu'Il veut que je sois, et que je reflète
dans mes gestes et mes paroles
l'exemple qu'il nous a donné.

ANGE GARDIEN, JE TE DEMANDE...

Je te demande,
à toi, mon Ange gardien, de me donner le courage
de mes sentiments et de mes pensées
pour que je lutt pour des lendemains pleins d'espérance.
Je te demande de faire
que je puisse être ton instrument
pour découvrir moi-même,
et révéler aux autres,
le potentiel insoupçonné
que nous possédons tous;
que je puisse découvrir, et montrer à chacun,
tous ces nouveaux espoirs qui nous sont permis.

Je te demande,
à toi, mon Ange gardien, de m'aider pour que ma raison
ne s'assombrisse pas au moment de l'épreuve,
et que j'aie le courage de continuer à avancer,
même si j'ai à connaître la souffrance.

Je te demande,
à toi, mon Ange gardien,
d'être mon guide, à tout moment,
pour que je surmonte,
sans peine et sans souffrance,
les dures épreuves de l'adversité
que je trouverai sur mon chemin
et que, ce faisant,
je sois un exemple pour les autres.

MON AMI

Tu es mon Ange gardien, tu es mon ami fidèle,
tu es mon compagnon indissociable,
tu es aussi, et surtout,
celui à qui je peux tout demander.

Alors, aujourd'hui, je te demande
que mes passions soient celles
de croire en toi, de t'aimer et de te bénir,
et aussi d'aimer tous les hommes et les femmes,
en frères et sœurs qu'ils sont devant le Tout-Puissant,
et d'agir de façon à les faire bénéficier
des dons que tu m'as donnés.

Tu es mon Ange gardien, tu es mon ami fidèle,
tu es mon compagnon indissociable,
tu es aussi, et surtout,
celui à qui je peux tout demander.

Alors, aujourd'hui, je te demande de ne pas t'éloigner de
moi, de m'aimer d'un amour si grand
que tous ceux qui s'approchent de moi,
à la recherche d'un ami, puissent te reconnaître, toi,
à travers ce que je suis et ce que je fais.

Tu es mon Ange gardien, tu es mon ami fidèle,
et je sais que, grâce à toi, j'aurai la force et l'énergie
pour répandre un soulagement
paisible et et heureux,
et offrir un réconfort bienveillant
à tous ceux et celles qui en ont besoin.

VISITEZ NOTRE SITE INTERNET

edimag.com

et consultez notre catalogue.

Imprimé au Canada.

Achevé d'imprimer au Canada sur les presses
de Worldcolor Saint-Romuald.